AF310400

Edouard **HAMON**, S. J.

LE ROI DU JOUR

L'ALCOOL

PARIS

ANCIENNE MAISON CHARLES DOUNIOL

P. TÉQUI, LIB.-ÉDITEUR

29, rue de Tournon, 29

1903

LE ROI DU JOUR

L'ALCOOL

8º R
18583

OUVRAGES DU MÊME AUTEUR

Les Canadiens Français de la Nouvelle-Angleterre.
In-8° de 400 pages avec nombreuses gravures de
couvents et d'églises. (Chez Granger, libraire,
Montréal Canada).

Au delà du Tombeau. (P. Téqui Paris.) 2° édit.

Misères Humaines. Causeries sur quelques défauts
et vices des familles. 1 vol. in-12.

Pourquoi je me suis fait congréganiste. Réponses
à quelques difficultés à propos de la confession
et la communion, 2ᵉ édit.

EN PRÉPARATION

Les Passions : L'homme et le Chrétien.

Ed. HAMON, S. J.

LE ROI DU JOUR

L'ALCOOL

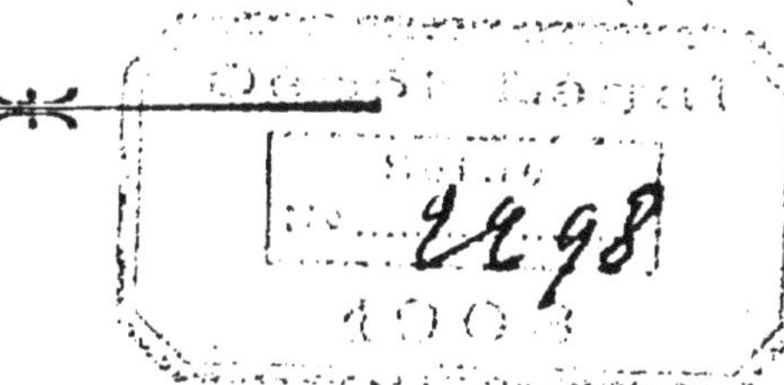

PARIS

ANCIENNE MAISON CH. DOUNIOL

P. TÉQUI, LIB.-ÉDITEUR

29, rue de Tournon, 29

1903

LE ROI DU JOUR

L'ALCOOL

I

L'Alcool s'est étendu à toutes les nations. Il reçoit les hommages des classes élevées de la société.

Il a pénétré au sein des masses populaires. Seul, il fait plus de victimes que les fléaux les plus meurtriers.

« En Angleterre, chaque année, le gin empoisonne cinquante mille hommes. Aussi, Gladstone a-t-il pu dire : « L'intempérance a causé en notre « pays plus de ravages que la guerre, la peste et « la famine réunies, ces trois fléaux de l'huma- « nité. »

« L'Allemagne paie un tribut annuel de quarante mille victimes.

« La Suisse avoue, dans un rapport officiel, deux mille huit cent quatre-vingt-neuf décès annuels, c'est-à-dire plus d'un décès sur cent habitants.

« En France, nous sommes bien loin de livrer à l'alcool un pareil nombre de victimes, mais nos pertes s'élèvent cependant à quatre ou cinq mille hommes chaque année. » (*Études rel.*, 1888.)

L'ALCOOL EST DEVENU RÉELLEMENT LE ROI DU JOUR

Il a ses palais fastueux où se pressent chaque jour des foules élégantes. Il a ses humbles auberges où les ouvriers se réfugient, mais partout il trône en souverain et commande à des millions de sujets.

D'OÙ VIENT LE SUCCÈS DE L'ALCOOL

Ce n'est pas une mode qui dure un temps plus ou moins long, puis cède la place à une mode nouvelle.

L'alcool n'est pas un aliment qui nourrit le corps humain. On l'a cru longtemps, et cette raison servait d'excuse à l'ouvrier pour justifier ses rations d'eau-de-vie, mais il faut aujourd'hui abandonner cette théorie. La science l'a démontré, l'alcool ne s'assimile pas au corps; il le traverse seulement en exerçant une action spéciale sur chaque organe avec lequel il vient en contact, puis, cette œuvre terminée, il sort à l'état d'alcool, par évaporation ou par sécrétions.

Enfin l'alcool n'est pas un breuvage agréable au goût. Même le meilleur, quand on le prend pur, est brutal, il attaque la délicatesse du palais et de la gorge. On ne le déguste pas comme on fait d'une liqueur qui flatte le goût; on l'avale brusquement, tout d'un trait, comme une médecine pleine d'amertume. Ce n'est qu'une fois rendu à destination dans l'estomac, qu'il produit des effets agréables au buveur.

Encore une fois, d'où vient donc la fascination étrange que l'alcool exerce sur un si grand nombre d'hommes?

L'alcool est à la fois un stimulant et un consolateur.

Il décuple la joie de l'homme heureux.

Il console celui qui a le cœur triste et, pour un temps, lui fait oublier les maux qui l'accablent.

Autrefois, quand on ne buvait que du vin, il fallait être riche pour se procurer les plaisirs de l'ivresse; aujourd'hui que l'industrie a mis l'alcool à la portée des bourses les plus modestes, tout le monde peut s'enivrer à bon marché. Telles sont, je crois, les causes de la diffusion si rapide de l'alcoolisme et de la consommation effrayante des boissons fortes chez toutes les nations.

Examinons de plus près le double effet de l'alcool que nous venons de signaler; nous comprendrons mieux l'influence fatale qu'il exerce sur un grand nombre d'hommes.

L'ALCOOL EST UN STIMULANT

Comme stimulant, l'alcool, par une propriété singulière, augmente la joie de l'homme et communique à son être tout entier une vigueur, une exubérance de vie qui l'enchante.

Il provoque chez lui une énergie momentanée mais puissante qui accélère l'activité des forces de sa nature : forces intellectuelles, forces physiques et même facultés morales.

Il en fait, pour ainsi dire, un homme nouveau, tout étonné du changement qui s'opère en lui, tout heureux de ce flot de vie qui circule avec impétuosité dans son corps et dans son âme.

Explique qui pourra ce phénomène de l'alcool sur l'homme. Il existe de fait, et c'est la raison de l'influence qu'il exerce sur ses victimes. L'Orient a l'opium et le haschish, pour stimuler l'imagination et donner au corps un repos énervant mais plein de charme. Les peuples de l'Occident ont malheureusement trouvé un breuvage qui donne à l'âme et au corps une surexcitation étonnante, mais dont le résultat final est, comme chez le fumeur d'opium, l'abrutissement graduel et la mort. Ce breuvage, c'est l'alcool. Il produit dans l'homme le phénomène qu'on nomme l'ivresse, c'est-à-dire l'exaltation à volonté des facultés de l'âme et des forces du corps.

J'emprunterai au P. H. Martin, dans son étude si intéressante de l'alcoolisme, la description des diverses étapes que parcourt le buveur, avant d'arriver à l'intoxication complète. (*Études relig.,* 1888.)

LES ÉTAPES DE L'IVRESSE

1re étape

« Le premier effet de l'alcool sur l'homme qui, généralement sobre, s'abandonne un jour à la tentation de boire avec excès, est connu de tout le monde : c'est l'ivresse. Les phénomènes qui l'accompagnent permettent de distinguer trois phases par lesquelles passe à peu près invariablement le buveur, à travers ses libations prolongées.

« Au début, il éprouve un sentiment de bien-être général, une plénitude, une vigueur qui se répandent à la fois dans le domaine de la vie physique et de la vie intellectuelle. C'est là ce qu'on pourrait appeler la période prémonitoire de l'ivresse, la seule que l'on puisse affronter sans inconvénient grave, s'il était possible au buveur de s'arrêter sur un si agréable chemin...

« La chaleur se répand de l'estomac à travers le corps tout entier, et se porte principalement à la tête. L'activité intellectuelle semble s'exalter de plus en plus. Les idées se pressent avec abondance. Elles ont une richesse, un éclat, une variété, un coloris inaccoutumés. L'imagination surexcitée revêt le monde extérieur des couleurs les plus séduisantes, mais aussi les plus trompeuses. C'est alors que les préoccupations disparaissent pour faire place aux illusions folles et aux rêves fantastiques. Le buveur se dérobe ainsi, pour quelques heures, aux chagrins et aux misères de la vie sous le torrent des idées qui passent dans un va-et-vient perpétuel et l'emportent hors de lui-même et de la réalité. La langue se délie, la parole devient facile, le geste s'anime et la conversation s'égare à travers le monde des idées bizarres, des saillies ingénieuses, ou des boutades excentriques.

« Dans le domaine moral, on observe comme un redoublement de force. Rien n'effraie le buveur, au moment où l'alcool fait sentir sa première influence. Ni les ennemis redoutables, ni les entreprises difficiles, n'ont de quoi le faire trembler. Il se croit capable de tout entreprendre et de tout accomplir.

« Dans le domaine organique, un tel état se traduit par une exubérance de vigueur musculaire et de mobilité. Le visage s'injecte, l'œil devient brillant et la circulation s'accélère... Un étrange besoin d'épanchement se fait sentir, et nulle confidence ne résiste à cette expansion communicative. C'est le moment dont il faut dire avec Montaigne :

« Comme le moust bouillant dans un vaisseau

« pousse à mont tout ce qu'il y a dans le fond,
« ainsi le vin fait déborder les plus intimes secrets
« à ceux qui en ont pris outre mesure. »

« Le caractère lui-même n'est pas à l'abri de cette puissance détective de l'ivresse. Il se révèle avec ses tendances naturelles à la tristesse, à la joie, à la bienveillance, à la colère. Un tel a le vin bon, l'autre l'a mauvais. Celui-ci s'irrite ou pleure, tandis que celui-là fatigue tout le monde de ses effusions bienveillantes et de ses gaîtés sans mesure.

« A cette période de l'ivresse, l'homme est encore maître de soi-même et conscient de ce qui se passe en lui et autour de lui. Si l'excès ne sort pas de cette limite, les phénomènes d'excitation intellectuelle et organique sont fugitifs et ne laissent d'autre trace qu'un sentiment de fatigue plus ou moins pénible.

2° et 3° étape

« Ce n'est là, sur le chemin de l'ivresse, que la première étape. Une nouvelle dose de boisson alcoolique donne naissance à une série de phénomènes de plus en plus graves... L'excitation devient désordonnée, l'état vertigineux va sans cesse croissant.

« ... Les idées sont confuses, incohérentes, heurtées et fugitives. L'harmonie habituelle des facultés de l'âme disparaît, pour faire place à une véritable dislocation dans laquelle le « moi » semble périr.

« La volonté sombre, comme l'intelligence, dans le gouffre du délire qui les remplace.

« Les mouvements perdent leur précision, ils deviennent irréguliers, incertains et maladroits. Les jambes, mal assurées, annoncent que le système musculaire est profondément atteint, et la station ne tarde pas à devenir impossible.

« Alors commence la troisième ou dernière période de l'ivresse. La parole n'est plus possible, l'intelligence est éteinte, les fonctions de la vie de relation demeurent suspendues et la vie végétative persiste à peu près seule. Cette fois, c'est bien la brute humaine qui tombe comme une masse inerte, incapable d'opposer la moindre résistance, et finit par s'endormir dans un coma profond dont il devient impossible de la tirer. C'est une véritable moi apparente, à la suite de laquelle peut quelquefois survenir la mort. » (H. Martin. *Études relig.*, 1888, p. 495.)

Telles sont les diverses étapes qui mènent l'homme à l'ébriété complète.

Avouons-le cependant, la plupart des buveurs ne passent à la seconde étape et surtout n'arrivent à la troisième que par surprise ou entraînement de gourmandise. Ils ne voulaient que la première période de l'intoxication, celle où les forces de l'âme et du corps surexcitées par l'alcool donnent des joies plus intenses, où l'on oublie les chagrins et les infortunes, où l'on retrouve pour un temps le sentiment du bonheur.

L'ALCOOL EST UN CONSOLATEUR

L'homme heureux boit pour augmenter ses jours, mais l'homme qui souffre et se sent découragé boira, lui, pour noyer son chagrin et retrouver dans l'ivresse les rêves de bonheur que les réalités de la vie ont brutalement anéantis. L'alcool, en effet, console et fait oublier.

Tant de causes jettent l'homme dans le découragement et la tristesse! Les projets les mieux conçus échouent, les espérances les plus brillantes s'évanouissent; les affaires vont mal, la ruine se montre menaçante à l'horizon... Souvent même, pour achever de briser la volonté, le ménage n'est pas heureux. L'homme ne trouve plus au dehors et à la maison ni encouragement, ni affection : il souffre dans son corps et dans son âme. Or, tout

près de lui, il a sous la main un moyen efficace
d'échapper à la souffrance, d'éclaircir le ciel gris
qui pèse sur sa tête. Qu'il aille au club, qu'il entre
au cabaret voisin, et quelques verres de boisson
lui feront oublier ses malheurs et rendront le courage à son âme abattue.

Certes la tentation est forte! Il faudra à cet
homme une grande énergie de caractère, disons
mieux, des sentiments religieux profonds pour ne
pas succomber.

« La cause la plus générale de l'ivrognerie, dit le
D^r Rœsche, est le désir qu'ont les hommes de se
plonger, au moyen de l'ivresse, dans un état qui
leur fasse oublier les désagréments de l'existence. »
(*Année hygiénique.*) Et le Dr Bélouino remarque
avec justesse que l'ivrognerie est surtout le vice de
l'âge mûr et de la vieillesse. De fait, c'est dans
l'âge mûr et la vieillesse que viennent les grandes
épreuves et les désappointements cruels. Les revers
de fortune, l'écroulement de toute espérance de
bonheur, les séparations causées par la mort laissent l'homme seul en face de la souffrance et de la
ruine. A mesure qu'il avance dans la vie, l'horizon
se couvre de nuages de plus en plus sombres, et le
démon fait entendre un appel dangereux. Il invite à
chercher dans l'ivresse « l'oubli des désagréments
de l'existence ».

Le temps, qui amortit toutes les autres passions, donne, au contraire, à celle de l'intempérance une force d'attraction toujours croissante.

Plus la solitude devient profonde autour du vieillard, plus l'ombre se fait épaisse autour de son cœur, plus grande aussi est la tentation de demander à la boisson l'oubli des misères d'aujourd'hui et des terreurs de demain.

Ainsi l'alcool a des séductions pour tous les âges de la vie : il décuple les joies bruyantes du jeune homme et de l'homme heureux, il adoucit les amertumes de l'âge mûr, il ragaillardit le corps usé du vieillard et rend pour un temps à son vieux cœur l'enthousiasme et les rêves des vingt ans.

L'homme à la flûte enchantée

Les légendes d'Allemagne nous parlent du vieillard à la flûte enchantée, qui s'en allait parcourant les villes et les bourgades de la contrée.

Tous ceux qui entendaient les sons de la flûte magique, abandonnaient leurs occupations et suivaient le vieillard sans pouvoir s'arrêter. Et le vieillard, entraînant après lui ces foules magnétisées, les conduisait vers les rivages de l'océan. Il pénétrait dans les flots et s'avançait plus loin... toujours plus loin... A la vue du danger qui les menaçait, les multitudes effrayées voulaient rebrousser chemin, mais les accents de la flûte enchantée se faisaient entendre et les forçaient d'avancer.

Bientôt magnétiseur et magnétisés disparaissaient ensemble dans le gouffre...

Image exacte de la fascination que l'alcool exerce. Du moment qu'un homme a subi son influence fatale, il semble perdre tout empire sur sa volonté. En face de la misère qui approche, de la ruine qui menace, il cherche en vain à se ressaisir et à échapper au danger. La voix du magnétiseur se fait entendre, et l'homme reprend sa course vers l'abîme, vers la mort...

II

L'IVROGNERIE, PASSION ACQUISE

« *L'ivrognerie*, dit Bélouino, *est une passion acquise et toute d'éducation.* Il est clair qu'elle ne peut se montrer que peu à peu et par degrés. L'ivrogne le plus abruti n'a d'abord été qu'un imprudent buveur. Longtemps, peut-être, une douce exaltation a été le seul effet des boissons dont il faisait usage. Peu à peu, l'habitude s'est enracinée, l'abus des boissons fermentées a été plus fréquent. L'organisme s'est habitué à les supporter et il a fallu de plus grandes quantités pour produire les mêmes effets.

« Bientôt l'ivrogne a éprouvé de la souffrance à l'estomac; cet organe est devenu le siège d'une inflammation continuelle. Pour faire cesser les douleurs qu'il ressentait et pour se procurer des jouissances habituelles, il a renouvelé chaque jour les mêmes excès. Une fatalité le pousse. Il faut qu'il se plonge dans les jouissances qui le déshonorent et le tuent : à jeun, c'est un être énervé. Pour retrouver momentanément quelque vigueur, pour procurer à son cerveau une excitation fébrile, il faut qu'il recommence à boire et qu'il appelle l'ivresse à son secours. » (Bélouino, t. Ier, p. 133-138.)

C'est court mais complet. Voilà, en quelques mots, la marche de la passion et l'explication de l'effet fatal qu'elle produit.

COMMENT DEVIENT-ON IVROGNE?

La réponse à cette question paraît étrange et paradoxale à bien des personnes, mais j'espère en prouver la parfaite exactitude : *On devient ivrogne sans le savoir et surtout sans le vouloir.*

Où trouverez-vous un buveur qui, délibérément, ait accepté de bon cœur, en échange des services temporaires que lui rend l'alcool, les tristes conséquences que cette passion entraîne fatalement après elle?

Où est le jeune homme de vingt ans, le père de famille honnête et heureux, l'avocat, le médecin qui se soit dit au début de sa carrière d'ivrogne :

« Je sais où me conduira la passion des boissons fortes à laquelle je commence à me livrer.

« Sous son influence, mon intelligence baissera peu à peu et finira par s'éteindre ; ma mémoire et ma volonté suivront cette ruine, mon cœur disparaîtra. A la place des affections si vives et si douces que j'éprouve aujourd'hui pour ma famille, je n'aurai plus pour ma femme et mes enfants que de la dureté, de l'indifférence ou même de la haine. L'égoïsme deviendra ma passion dominante, il me fera oublier et fouler aux pieds tout autre sentiment.

« Mon nom, ma réputation, ma position sociale feront naufrage au milieu de cette tempête. Ma santé s'affaiblira peu à peu et bientôt des désordres graves et inguérissables se déclareront dans ma constitution.

« Enfin, après quelque dix ou quinze ans d'alcoolisme, épuisé avant l'âge par les excès de la boisson, je tomberai, laissant un nom déshonoré, une famille ruinée, des enfants dans la misère, et qui, peut-être, durant leur vie entière, souffriront des tristes suites de mes débauches.

« Je le sais, tout cela arrivera. Eh bien, je l'accepte, je le veux! Oui, je veux devenir un ivrogne! Je veux, pour mon lot sur la terre, la vie d'un ivrogne et je veux aussi mourir de la mort des ivrognes! »

Encore une fois, où trouver un homme assez insensé pour signer un pareil pacte?

Pourtant, l'expérience nous l'apprend, ce sont là les phases successives par lesquelles l'alcool fait passer ses victimes, avant de les précipiter dans l'abîme.

LE GOUFFRE

Près des côtes de Norvège, il y a un gouffre où les eaux de l'océan s'engloutissent dans les entrailles de la terre à des profondeurs qui n'ont jamais pu être sondées. La succion du gouffre imprime aux flots un mouvement giratoire qui s'étend au loin sur la mer.

Malheur au navire qui se laisse entraîner dans cette immense spirale! Son sort est scellé : il doit périr.

Lentement d'abord, il parcourt les sphères extérieures du gouffre. Le capitaine se croit encore dans le bon chemin, tandis qu'il ne fait plus que tourner dans les orbes qui le mènent à la catastrophe. Bientôt les cercles se raccourcissent, la rapidité de la marche augmente, le capitaine, comprenant enfin l'imminence du danger, fait des efforts désespérés pour échapper au gouffre qui l'attire. Vain espoir! Il est trop tard, maintenant! Le navire tourbillonne avec une vitesse vertigineuse dans des cercles de plus en plus restreints... Un cri suprême de désespoir part de la poitrine des condamnés à mort; puis, navire et passagers disparaissent à jamais dans le gouffre silencieux...

Pour mieux comprendre comment on devient ivrogne sans le savoir et sans le vouloir, voyons de quelle manière, dans les diverses classes de la société, le démon de l'alcool prépare ses futures victimes à accepter son joug fatal.

III

GALERIE DE BUVEURS

Premier tableau : Le jeune homme

Entre dix-huit et vingt ans, le jeune homme, entraîné par des amis mal choisis, commence son triste apprentissage d'ivrognerie.

Le dimanche, il fait une promenade avec les camarades, et le terme de la course est toujours une auberge où l'on pourra jouer et boire. Voilà les jeunes gens installés à table, on apporte le paquet de cartes et le plateau de boisson. S'ils se contentaient d'une bouteille de bière en été, après une course fatigante, il n'y aurait pas de mal à cela ; mais non, c'est du whisky que l'on sert.

Le jeune homme n'y a pas encore goûté de sa vie, il lui répugne même de commencer ; mais, en présence des camarades, il fera son homme, bien entendu... Le voilà qui avale son premier verre de boisson forte...

—

C'est détestable, il a tout le gosier en feu, mais une métamorphose étrange s'opère en lui : il rit, il s'amuse, il se trouve heureux... Le dimanche suivant, le jeune homme reprend l'expérience, puis il en vient à doubler la dose, à la tripler même. Bientôt il rentrera à la maison, fort échauffé par la boisson.

La mère alors interviendra pour prévenir, s'il est possible, le danger qui menace son enfant... De toutes ses forces, de tout son cœur, elle suppliera son fils de quitter ces amis qui vont le perdre et de s'arrêter sur la pente fatale qui mène à la ruine.

Si le jeune homme, docile à la voix de sa mère et de sa conscience, abandonne ses camarades dangereux et cesse d'aller boire du whisky aux auberges, il échappera à la terrible passion qui s'introduisait en lui. S'il refuse, bientôt il s'enivrera régulièrement chaque dimanche; bientôt il lui faudra de la boisson forte durant la semaine... Il n'est pas encore un ivrogne, mais il se prépare à le devenir, *sans le savoir* et *sans le vouloir*.

Deuxième tableau : L'ouvrier

L'alcool est pour l'ouvrier, et surtout pour l'ouvrier des villes, un ennemi redoutable en même temps que des plus séduisants.

« La tâche que l'industrie moderne impose au travailleur réclame une vigueur qu'il n'a pas. Il lui semble qu'un petit verre rétablira la proportion entre le travail et la force.

« C'est le matin : il se lève, fatigué du labeur de la veille, effrayé peut-être de celui que le jour lui offre en perspective. Il faut marcher pourtant vers cette usine ou ce chantier sans lesquels on n'aurait point de pain. S'il n'est pas chrétien, à ses souffrances physiques l'ouvrier ajoute le tableau de ses douleurs morales, de ses joies perdues, de son avenir incertain.

« Tandis que ces images désolantes flottent dans sa pensée, le cabaret s'offre à lui sur le chemin qui mène à l'usine. C'est pour lui quelque chose comme le paradis sur le chemin de l'enfer. Il se hâte d'entrer, et sous l'action de ce verre d'eau-de-vie qu'il avale d'un trait, tout en lui semble se ranimer. La vigueur revient aux muscles, la gaîté à l'esprit, le collier de misère paraît moins lourd et l'atelier moins pénible.

« La scène se renouvellera, le soir, au retour de l'usine où l'on a travaillé.

« Sous prétexte de repos, au lieu de regagner son foyer de famille, on s'arrêtera encore devant le comptoir avec les camarades. L'eau-de-vie coulera dans les verres et la journée finira comme elle a débuté, dans les fumées brûlantes de l'horrible poison. L'habitude est vite contractée, et bientôt l'ouvrier ne résiste plus à l'attraction de ce comptoir qui le fascine, avec ses liqueurs de tout genre étalées sur le zinc.

« L'alcool tombe le matin dans son estomac vide et le brûle peu à peu; le soir, il remplace pour ce corps fatigué la nourriture fortifiante du repas de famille, et plusieurs fois peut-être, au milieu du jour, le travail est interrompu pour demander au petit verre un surcroît factice d'énergie physique. Avec une telle habitude, si l'ouvrier est garçon, il va au cabaret pour éviter la solitude de son triste garni; s'il est marié, le ménage ne saurait être heureux. Alors il boit pour chercher dans l'ivresse l'oubli de la réalité, jusqu'à ce qu'il aille mourir sur son pauvre grabat ou sur un lit d'hôpital. » (H. Martin, *Étud. rel.*, 1888.)

Ce portrait est de facture française. L'ouvrier canadien, heureusement, n'a pas d'ordinaire l'habitude de prendre ce coup du matin, mais le danger pour lui se rencontre le samedi soir, lorsqu'il a en poche la paie de la semaine et qu'il cède aux instances des amis et aux cajoleries de l'aubergiste.

L'ouvrier revient au logis fatigué de son rude labeur; sur son chemin, il passe devant les nombreuses tavernes où s'étalent à la vitrine les bouteilles de boissons aux couleurs criardes qui appellent au plaisir. Les amis font des invitations pressantes et l'aubergiste est là sur le pas de la porte, comme une araignée qui guette les mouches pour leur sucer le sang.

Si l'ouvrier entre, les piliers de cabaret l'accueilleront avec une joie bruyante, les *tournées* commenceront et le malheureux, après avoir laissé sur le zinc une partie de son argent, déjà fort échauffé par la boisson, emportera chez lui une bouteille de whisky pour s'achever à la maison. Il boira le samedi soir, il boira le dimanche, et, le lundi, brisé, moulu par l'ivresse, il ne reprendra qu'en jurant le collier de misère.

S'il n'est pas sur ses gardes, bientôt tous les samedis, régulièrement, il ira payer à l'aubergiste l'impôt du sang, et tous les dimanches aussi il donnera à sa femme et à ses enfants le spectacle d'un homme qui, oublieux de ses devoirs religieux, vit ce jour-là comme un animal (au grand scandale de toute sa famille, et au grand détriment de son âme).

L'ouvrier est devenu un ivrogne, *sans le savoir et sans le vouloir*.

Troisième tableau : Bourgeois et hommes d'affaires

Assez souvent le bourgeois est un désœuvré; or le désœuvrement est une des conditions les plus favorables à l'alcoolisme. Il est riche, il pourra donc, pour satisfaire sa gourmandise, se payer des libations copieuses et coûteuses. Il a de nombreux amis, toujours disposés à offrir *une traite* (1) et surtout à l'accepter.

On se rencontre sur la rue.

— Tiens, Monsieur X..., c'est vous!

Heureux de vous voir...

Venez donc prendre un coup, il fait chaud, cela vous rafraîchira. Il fait froid, cela vous réchauffera.

Quel buveur fut jamais à court de raisons pour justifier ces libations répétées?

Si M. X... accepte, après cette consommation, il

(1) Une consommation.

en paiera une autre; ainsi le veut la politesse entre buveurs. Bientôt il absorbera sa demi-douzaine de petits verres dans la journée, sans compter les bocks de bière qui serviront à modérer la chaleur trop intense de l'estomac. Bientôt il lui faudra du whisky à la maison pour le punch du soir qui fait dormir, pour le punch du matin qui rend de la stabilité aux nerfs fatigués. Bientôt enfin, sans le savoir et sans le vouloir, il sera sur le chemin qui le mènera un jour à l'alcoolisme complet.

Le cadre où nous venons de placer le bourgeois pourra aussi servir au négociant, à l'homme d'affaires, sauf quelques légères modifications. Eux aussi ont de l'argent, des amis nombreux, des occasions fréquentes, tout ce qu'il faut pour s'accoutumer à la boisson et lui donner une place prééminente dans les habitudes de la vie.

Ici, j'ai à faire une remarque un peu délicate, mais qui, je crois, est pleinement justifiée par les faits.

Souvent, bourgeois et hommes d'affaires sont plus exposés aux dangers de l'alcoolisme que les ouvriers des villes.

Un certain nombre de travailleurs, la journée finie, s'attardent volontiers au cabaret, avec les amis, j'en conviens. Les plus avancés prennent une *fête* le samedi soir et passent le dimanche dans l'ivresse, c'est vrai; mais la plupart des ouvriers ne font pas un usage habituel et quotidien de l'alcool, et cela pour plusieurs raisons.

D'abord, cela coûterait trop cher.

Ensuite, leur genre d'occupation les en détourne forcément : charpentiers, maçons, couvreurs, plombiers sont exposés journellement à trop de dangers pour les augmenter encore par l'instabilité que la boisson donne à la tête et aux muscles.

De plus, chez l'ouvrier, les sentiments religieux sont forts, l'affection de la famille profonde ; autant de barrières qui s'opposent à l'envahissement de la passion, sans parler de la guerre à mort que lui fait la femme à la maison.

Mais le bourgeois, l'homme d'affaires n'a pas ces raisons-là pour s'empêcher de boire. Souvent le pouvoir de la religion est moins puissant sur lui, tandis que l'habitude du club, de la vie au dehors, après avoir relâché les liens de famille, rend les supplications de la femme moins influentes sur la conduite de son mari.

Autre différence entre l'ouvrier et le bourgeois qui s'enivre.

L'ouvrier boit brutalement verre après verre, il

engloutit le whisky jusqu'à ce qu'il lui soit impossible d'en absorber davantage, alors il tombe sous la table ou dans la rue ; la police le ramasse et l'emmène au poste cuver son ivresse.

Le bourgeois, lui, sait garder les convenances extérieures ; il boit en *Monsieur* et jamais il n'ira en public jusqu'à l'abrutissement complet. S'il fait des excès, ce sera à huis clos, à la maison, personne n'en aura connaissance, sauf la femme et les domestiques ; mais il se tient constamment sous l'influence des boissons fortes, entre deux vins, disait-on autrefois ; entre deux whiskys, comme on dirait plus justement aujourd'hui.

Enfin, quand l'ouvrier a pris *une brosse*, comme on dit, une fois dégrisé, il convient franchement et humblement de sa faiblesse, il regrette son argent gaspillé, la peine qu'il a faite à sa femme et à ses enfants, et prend la résolution sérieuse de faire attention à lui désormais.

Parfois encore l'aventure se termine en cour de *recorder*. Alors le coupable entend la sentence solennelle : « Cinq dollars ou un mois ! » De plus, il reçoit gratis une verte semonce de la part du juge, et notre homme s'en retourne à la maison, bien décidé à ne pas recommencer de sitôt pareille aventure.

Trouve-t-on chez le bourgeois, chez l'homme d'affaires, même franchise et surtout même humilité ? Non, et c'est un grand malheur.

Impossible de lui arracher l'aveu de sa passion. Il se fâchera tout rouge si vous insinuez seulement qu'il conviendrait de diminuer le nombre des petits verres absorbés dans la journée, qu'il y a danger d'arriver à l'alcoolisme, que des symptômes alarmants commencent à se produire ; l'orgueil l'empêchera d'en convenir et la fascination de l'alcool ne lui permettra pas de rien changer à des habitudes qui bientôt deviendront irréformables... L'alcoolisme n'est plus qu'une question de quelques années. « L'alcool introduit dans l'organisme peut agir d'une manière violente et brusque, ou s'infiltrer peu à peu, imprégnant l'économie tout entière jusqu'à saturation.

« Dans le premier cas, c'est l'ivresse avec toutes les variétés dont elle est susceptible. Dans le second, c'est l'alcoolisme chronique, dernier terme d'une intoxication qui, pourêtre lente, n'en est que plus redoutable, car elle estàpeuprès sans remède.

« Le buveur incorrigible, une fois entré dans cette carrière honteuse, la parcourra d'une extrémité à l'autre, marquant chacune des étapes par un débris de sa vie physique, intellectuelle et morale. » (*Étud. relig.*, Alcool, ann. 1888.)

IV

GALERIE DE BUVEURS

(*Suite*)

LES HOMMES DES PROFESSIONS LIBÉRALES

*Quatrième tableau : L'homme de profession. —
Avocats. — Médecins. — Notaires*

En étudiant les manières diverses dont se fait
l'apprentissage de l'ivrognerie, nous avons com-
mencé par l'ouvrier qui demande à l'alcool un surcroît d'énergie pour son travail ou l'oubli des
peines et des misères de sa condition, pour arriver
au bourgeois, à l'homme d'affaires qui boit uni-
quement pour satisfaire sa gourmandise. Mais la
galerie des buveurs n'est pas épuisée.

Le roi du jour, l'alcool, recrute des sujets jusque
dans les sphères les plus élevées de la société.

2.

On aimerait à pouvoir le nier, parce que des hommes vivant d'une vie plus intellectuelle et, par conséquent, étant mieux à même d'apprécier les ravages des boissons enivrantes, devraient, semble-t-il, les repousser énergiquement. Mais les faits sont là. Ils nous disent que des hommes appartenant aux professions libérales : avocats, médecins, notaires et hommes publics cèdent, eux aussi, aux fascinations de l'alcool et donnent à la société un exemple d'autant plus pernicieux qu'il part de plus haut et se voit de plus loin.

Comment donc en sont-ils venus à contracter une habitude si regrettable? C'est généralement durant le temps de la cléricature qu'ils préparent le terrain pour l'éclosion future de la passion des boissons fortes.

Les étudiants et l'alcool

De tout temps et sous tous les climats, la jeunesse des écoles s'est fait remarquer par son exubérance de vie et son amour des réunions tapageuses. Venus des divers collèges de la province, libérés de la surveillance des parents et des maîtres, jetés soudain au sein des grandes villes, ces jeunes gens sont exposés à bien des tentations séduisantes, mais la plus dangereuse de toutes sera de prendre goût à l'alcool.

Par malheur, un certain nombre d'étudiants, insoucieux de l'avenir, entraînés par des amis mal choisis, s'habituent à l'alcool et font ainsi, sans le savoir, leur triste apprentissage d'ivrognes.

La journée est consacrée aux cours, mais, le soir venu, après les arides dissertations du droit et les thèses de médecine aussi dépourvues d'enthousiasme et de poésie, pour se rafraîchir un peu le cœur, l'on s'assemble en joyeux comité d'amis.

Voici les cartes, et, sur la table, la cruche de boisson...

Si l'on buvait ensemble quelques bocks de bière ou une bouteille de vin, il n'y aurait rien à dire... Mais, d'ordinaire, c'est le flacon de gin ou la bouteille de whisky qui trône au milieu de cette réunion d'étudiants, et plus d'une fois dans la soirée, les jeunes gens accosteront la dive bouteille. L'étudiant en droit, fatigué par l'étude du Digeste, veut se remonter le moral. L'étudiant en médecine, lui, doit bientôt se rendre à la salle de dissection; n'est-il pas excusable de se raffermir un peu les nerfs pour la triste besogne en perspective?... Chacun a sa raison ou son excuse.

Et les jeunes gens boivent sec. Tous les soirs, le whisky leur met en ébullition le cerveau et le sang.

Trois ou quatre ans durant, ils vivent de cette vie fiévreuse, cultivant ainsi sans y penser, dans ce milieu bruyant et buveur, la passion des boissons fortes. Ce n'est pas encore l'alcoolisme, mais l'apprentissage est fait, l'habitude est prise... Il n'y a plus qu'à la laisser se développer désormais.

Bientôt elle portera ses fruits.

Une fois entrés dans la carrière, plus nombreux encore seront les prétextes et plus fréquentes les occasions de boire.

Le jeune avocat étudie une cause difficile, compliquée, une vraie cause normande, pareille à un buisson d'épines bien enchevêtrées ; il prépare un plaidoyer important ; or la tête est lourde, l'intelligence engourdie, sans ressort, sans perspicacité. Que faire ?

Il demandera au gin ou au whishy l'inspiration qui lui fait défaut. De plus en plus, il se familiarisera avec ce stimulant. Bientôt, sur la table de travail, à côté de l'encrier, le flacon de whisky prendra sa place définitive et la proximité de la tentation rendra les rasades de plus en plus fréquentes.

L'avocat boira pour préparer le succès de ses plaidoiries.

Il boira pour en fêter la réussite.

S'il perd sa cause, il boira encore pour se consoler de sa malechance.

Le médecin, lui aussi, a toutes sortes de raisons plausibles pour justifier l'amour qu'il porte à la bouteille.

Les longues courses de jour et de nuit par n'importe quel temps, la nécessité de se préserver des maladies infectieuses, le besoin de se monter le physique et le moral pour des corvées pénibles, l'obligation de faire plaisir aux amis et aux clients qui offrent des rafraîchissements... autant de prétextes pour des libations multiples, sans compter que, de retour chez lui, le médecin se croira tenu, par principe d'hygiène, à prendre un dernier coup plus fort que les autres, pour débarrasser l'organisme des miasmes malsains et tuer les microbes.

L'habitude s'imposera promptement et mènera à l'alcoolisme. Or l'alcoolisme, pour un avocat ou un médecin, c'est la perte de la clientèle et par conséquent la ruine à courte échéance.

Qui voudrait confier une cause importante à un avocat alcoolique ? Qui oserait risquer sa vie en se faisant soigner par un médecin adonné à l'usage immodéré des boissons fortes ?

Cinquième tableau : Les hommes publics et l'alcool.

Dans notre galerie de buveurs, nous avons encore un autre tableau à suspendre à la muraille. Mais, je l'avoue, j'éprouve quelque embarras, parce qu'il s'agit d'exposer aux regards du public les faiblesses de certains hommes que l'on devrait croire tout à fait au-dessus d'une habitude aussi grossière.

— « Eh quoi! des législateurs, des députés, de graves sénateurs, cédant à la puissance du roi du jour et demandant à l'alcool des inspirations pour gouverner le pays et des lumières pour édicter des lois qui affecteront les intérêts de milliers de citoyens! »

Pourtant, puisque nous avons dit la vérité aux autres classes de la société, disons-la aussi à nos gouvernants. Montrons, avec circonspection toutefois, la place que le whisky s'est faite dans la politique générale et l'influence qu'il exerce au sein de nos assemblées délibérantes.

Le whisky et les élections

On l'a avoué dernièrement en haut lieu, le whisky joue un rôle considérable dans les élections de toutes sortes, beaucoup trop considérable et tout à fait regrettable.

Il transforme des paroisses entières, avec leurs électeurs, en assemblées d'ivrognes qui, ne sachant plus ce qu'ils disent ni ce qu'ils font, nomment sans discernement aux charges publiques les hommes qui ont eu l'audace de défoncer le plus de tonneaux de whisky.

Bien des fois, nos Évêques se sont élevés dans leurs mandements contre ces pratiques destructives de tout ordre et de toute moralité. Bien des fois, ils ont flétri ces saturnales honteuses qui dégradent à la fois l'homme et le chrétien, et mettent à la tête des affaires publiques des incapables ou des hommes dangereux...

L'honorable solliciteur général de Québec a donc fait acte de patriotisme et de vigueur en dénonçant des manœuvres aussi détestables et en proposant une loi pour les arrêter.

Le whisky et les Assemblées parlementaires

Mais le whisky ne règne pas seulement pendant les élections, il a réussi à tenir cour ouverte au sein même de nos édifices parlementaires, et trop nombreux sont ceux qui viennent lui offrir leurs hommages.

Certes, les raisons ne manquent pas à nos législateurs !

Les séances sont longues et fatigantes, les débats deviennent orageux, le gouvernement est menacé d'une attaque sérieuse ; il faut se donner du courage pour l'attaque ou se raffermir les nerfs pour la défense, et les combattants futurs courent ensemble demander au roi Whisky des secours si divers.

La séance terminée, quand, sur les trois ou quatre heures du matin, on revient à l'hôtel, il faut un punch généreux pour calmer les agitations parlementaires de la soirée et permettre au sommeil de venir. Le réveil sera pénible. Le député sentira une dépression alarmante l'envahir au moral et au physique ; pourtant il doit se rendre au comité. Il s'agit d'un bill important.

Que faire? Un verre de whisky, plein jusqu'aux bords, un grog fortement épicé, rendront de nouveau la vigueur aux muscles, la lucidité à l'intelligence, la fluidité à la parole; notre législateur sera prêt à s'occuper des intérêts du pays.

Le fera-t-il toujours avec la sagesse que réclame une besogne aussi grave?

Plus d'une mesure administrative, plus d'une loi de parlement surprennent le bon public par leur allure étrange et leurs considérants mal dirigés. A coup sûr, elles ne sentent pas l'huile: peut-être en les flairant de plus près, y trouverait-on un assez fort relent d'alcool?...

Mais c'est devenir trop hardi; je crains un rappel à l'ordre, passons vite.

Messieurs, dites-moi, quand un brave citoyen de la campagne, un marchand, un médecin sobre jusqu'alors, rangé dans ses habitudes, a vécu dans cette atmosphère pendant quelques sessions, n'est-il pas à craindre qu'il ne revienne chez lui avec des mœurs nouvelles et que le roi du jour ne compte désormais un sujet de plus?

3

V

GALERIE DE BUVEURS

(Suite et fin)

Sixième et dernier tableau : Buveuses de gin

Successivement, nous avons mis dans leur cadre l'ouvrier, le bourgeois, l'homme de profession et l'homme politique. La galerie est complète sans doute? Hélas! non. Il nous reste encore à suspendre à la muraille un dernier tableau... bien laid, celui-là, bien repoussant, mais qui doit pourtant avoir sa place parmi les victimes de l'alcool. Ce portrait est celui de la femme buveuse.

— Comment! des femmes qui boivent!...et qui boivent du gin! Est-ce possible? Est-ce croyable?...

— Oui, c'est un fait. L'homme n'a pas gardé le monopole des boissons alcooliques; des femmes ont voulu, elles aussi, goûter au fruit défendu, et, disons-le bien bas, les buveuses de gin et de whisky ne sont pas toutes des femmes d'ouvriers ou de pauvres journaliers.

Que de malheureuses créatures, découragées par les misères de la vie, poussées, peut-être, par des maris ivrognes, demandent parfois au whisky l'oubli temporaire de leurs maux, on le comprend, sans l'excuser, du reste. Mais que des dames du monde, heureuses dans leur ménage, entourées de nombreux enfants, ayant des positions honorables dans la société, glissent dans cette passion des boissons fortes, voilà, certes, qui est inexcusable et inexplicable.·

Une femme mariée, qui s'accoutumera à boire, mais c'est le trouble et le désordre dans la maison, c'est le déshonneur le plus complet, c'est, pour les enfants, le scandale le plus triste et le plus inoubliable... C'est enfin, pour le mari, l'humiliation la plus profonde et la ruine de tout bonheur domestique...

La femme sait tout cela, mais quand la passion l'a saisie, elle n'écoute plus rien, elle ne s'arrête devant rien... Les yeux ouverts, elle court à une ruine irrémédiable...

Comment donc une habitude si antipathique aux goûts naturels de la femme parvient-elle à entrer dans son cœur et à le dominer? Disons-le.

La buveuse de gin et le docteur

Depuis longtemps, Madame désire vivement pouvoir faire usage de gin, mais elle ne sait trop quel moyen prendre pour atteindre son but. Le diable alors lui vient en aide et lui suggère des conseils dans le genre de ceux-ci :

— Vous voudriez, Madame, avoir la liberté de boire du gin à la maison, mais votre mari s'y oppose de toutes ses forces...

Il serait pourtant possible de vaincre sa résistance. Si vous me le permettez, je vous dirai comment manœuvrer pour obtenir ce résultat.

Consultez un médecin.

Choisissez-le jeune, complaisant, n'ayant encore qu'une faible clientèle... Il n'en sera que mieux disposé à vous écouter patiemment et à entrer dans vos vues.

Expliquez-lui fort au long l'état de votre santé : vous manquez d'appétit, la digestion se fait mal. Vous ressentez des frissons dans le dos, des

engourdissements dans les nerfs, des éblouissements, des vertiges, etc., etc.

Après cette longue énumération de souffrances, au bon moment, glissez timidement votre
demande : « Ne pensez-vous pas, docteur, qu'un
peu de fortifiant, quelques gouttes de gin dans un
verre d'eau sucrée, me feraient du bien?... »

Très probablement le médecin sera de votre avis.
Alors faites-vous donner une prescription en
bonne et due forme. Ce sera la réponse triom-
phante à toutes les objections du mari. Comment
pourrait-il, en effet, s'opposer à ce que le docteur
prescrit comme remède nécessaire à votre santé?
Vous avez gagné le point le plus important.

La médecine opère

Achetez aussitôt un flacon de gin, et, sous les
yeux du mari, avant le dîner, préparez votre médecine... Beaucoup d'eau d'abord, beaucoup de sucre;
enfin, un tout petit doigt de gin. Ensuite, mangez
de bon appétit, montrez-vous gaie, pleine de bonne
humeur... Continuez de la sorte pendant plusieurs jours, et vantez bien haut les heureux effets
de la médecine.
Les maris sont, en général, de bons garçons qui

croient facilement ce que les femme disent de leurs impressions d'estomac.

Au bout de quelques semaines, faites les réflexions suivantes :

Première réflexion : Un verre de gin me donne de l'appétit pour le dîner, mais ne me rendrait-il pas aussi le même service pour le déjeuner et le souper?... Je prendrai donc un petit coup le matin et un autre petit coup le soir.

Seconde réflexion : Ce qui me fait du bien à l'estomac n'est pas l'eau que j'avale, ni le sucre que je mets dedans. Donc, moins d'eau et moins de sucre, l'effet n'en sera que meilleur...

Bientôt, Madame, vous en viendrez à prendre votre gin tout pur, comme les hommes. Bientôt, par suite de l'habitude, l'effet du gin n'étant plus aussi sensible, vous augmenterez la dose. Bientôt, comme les hommes encore, vous passerez tout simplement au whisky.

Le diable vous donnera bien d'autres conseils...

Dans la journée, vous vous sentirez faible ou fatiguée... Prenez un coup, cela vous ranimera.

S'il survient quelques contrariétés, que la voisine batte votre chat ou dispute l'un de vos enfants, prenez un coup... Cela vous remettra de bonne humeur.

Quand vous recevez des visites, s'il n'y a pas d'hommes, offrez un coup à vos amies... Plusieurs refuseront, mais quelques-unes accepteront avec plaisir... Vous aurez ainsi l'avantage de leur tenir compagnie et de boire un coup à leur santé.

Madame, je plains votre mari et vos petits enfants!...

Disons-le franchement.

Trop de femmes, sous des prétextes frivoles, s'accoutument peu à peu à ces boissons auxquelles elles ne devraient jamais goûter.

Trop de femmes s'imaginent ne pouvoir s'endormir sans une dose plus ou moins forte de boissons alcooliques, ou quelques verres de bière.

Enfin trop de médecins montrent une facilité excessive pour prescrire aux femmes l'usage quotidien de stimulants. Ils préparent ainsi la voie à la terrible passion de l'alcoolisme.

Quelques femmes seront mécontentes de ces observations, c'est certain ; mais, en revanche, plus d'un mari les approuvera et les fera lire à sa femme.

Puisse cette lecture la détourner à jamais de cette habitude fatale !

Du reste, disons-le en toute justice, elles sont rares dans notre société, les femmes qui s'abandonnent à cette passion pour les liqueurs fortes.

VI

LE DRAME DE L'ALCOOLISME

Le cabaret et l'hôpital

Il commence au cabaret ou dans les bruyantes réunions du club, mais il se termine souvent sur un grabat d'hôpital.

Il débute par la joie et les éclats de rire, mais il finit toujours par les pleurs et un sombre désespoir.

Nous en avons les acteurs sous les yeux : ouvriers, hommes d'affaires, hommes politiques passent successivement par les scènes diverses qui mènent à la catastrophe finale... Cette catastrophe viendra plus ou moins vite, selon la constitution particulière des buveurs ; elle sera plus ou moins tragique selon les circonstances, mais toujours elle sera triste pour l'homme et surtout pour le chrétien.

3.

Esprit du vin, s'écriait Shakespeare, s'il n'est pas d'autre nom par lequel je puisse le nommer, je l'appellerai un démon.

Il disait vrai, le poète, dans son apostrophe énergique ; il donnait à l'alcool son nom véritable et lui assignait sa véritable origine. Il faisait écho à la parole des livres saints, aux enseignements des Pères qui attribuent cette passion à une cause diabolique et la rendent responsable des plus grands malheurs qui frappent l'homme.

« A qui dira-t-on malédiction ? Pour qui les querelles et les pièges ? sinon pour ceux qui passent leur temps à boire... Ils se ruineront... L'ouvrier sujet au vin ne deviendra jamais riche... L'intempérance est pleine de désordres... Elle produit la colère et l'emportement, et attire de grandes ruines... Elle a tué bien des hommes. » (Prov. Eccles., *passim.*)

D'après saint Jean Chrysostome et saint Bernard, l'ivrognerie est une véritable possession diabolique.

« L'ivrogne introduit volontairement un démon dans son âme. »

Le duel à mort

Deux acteurs sont en scène dans ce drame de l'alcoolisme : le démon et l'homme. Un duel à mort s'engage entre eux, duel qui ne finira que par la défaite complète de l'un des deux adversaires. Ou l'homme, par un effort suprême de volonté, terrassera son ennemi le démon, ou le démon tuera l'homme et atteindra enfin le but qu'il s'était proposé.

Or ce but, inspiré par la haine implacable qu'il porte à Dieu, *c'est la dégradation absolue de l'homme* créé par Dieu à son image et à sa ressemblance.

Oui, le démon va dégrader l'homme dans toutes ses facultés intellectuelles et morales, il va le ruiner dans son corps et dans son âme, dans le temps et dans l'éternité, il va le dépouiller de tous les biens qu'il possédait comme homme et comme chrétien.

Aucune passion où l'action diabolique soit plus visible, aucune où la haine du démon, notre ennemi naturel, ne se montre plus à découvert et plus implacable que dans la passion de l'ivrognerie.

On dirait vraiment qu'il prend un plaisir infernal à détruire en l'homme toutes les qualités que

Dieu y avait mises, pour les remplacer par des vices qui offrent l'image effrayante d'une perversité diabolique.

L'ivrogne devient, pour ainsi dire, une incarnation visible et vivante du damné de l'enfer. Le démon le transforme réellement à son image et à sa ressemblance.

Voilà des assertions bien fortes. Peut-être paraîtront-elles exagérées à plusieurs de nos lecteurs. Qu'ils suivent les explications que nous allons donner; ils verront si elles ne sont pas justifiées par la triste réalité.

PROLOGUE DU DRAME DE L'ALCOOLISME

Avant d'engager la lutte à fond, le démon prépare les opérations futures, en isolant l'homme de tout ce qui pourrait être pour lui une force de résistance. Il lui enlève l'un après l'autre tous les appuis naturels et surnaturels qui l'aidaient à rester un honnête citoyen, un bon chétien : *l'honneur, les affections de famille, l'usage de la prière et des sacrements.*

En tacticien habile, le démon commence par le dépouiller de ces secours auxiliaires, avant de se prendre corps à corps avec lui, dans le duel à mort de l'intempérance.

Honneur et réputation

La plupart des passions qui dominent le cœur humain cherchent l'ombre et craignent de se montrer au grand jour. Quand un homme oublie ses devoirs, ou se laisse entraîner à la sensualité, il se cache, il fuit les témoins. Extérieurement du moins, il veut continuer d'avoir droit au respect de sa famille et de ses concitoyens.

C'est une force qui aidera un jour au relèvement moral.

Il en va autrement de l'ivrognerie.

L'ivrogne fait publiquement parade de son déshonneur, sans même en avoir conscience. Il perd tout respect de lui-même, de sa situation, quelle qu'elle soit, des convenances sociales, il expose sa dégradation dans les rues de la ville aux yeux de tous. Pour lui, plus d'honneur, plus de réputation.

Quand il regagne son logis en titubant, les vêtements en désordre, le visage décomposé, hébété par la boisson, les passants le regardent avec mépris, et se disent l'un à l'autre en le montrant du doigt :

— « Encore un tel qui ne tient plus debout ! C'est à peine s'il pourra regagner sa maison ; comme je plains sa femme et ses petits enfants ! »

Elle est à plaindre, en effet, la femme honorable qui se voit ainsi humiliée aux yeux du public dans la personne de son mari ivrogne. Elle est à plaindre, la famille dont la réputation est ainsi sacrifiée par celui-là même qui avait mission de la maintenir.

Affections de famille

Que deviendront les affections de famille en face de la passion de l'ivrognerie?

Quand une femme aura vu souvent son mari revenir à la maison en état d'ivresse, qu'elle l'aura entendu dire devant les enfants des paroles incohérentes ou de nature à les scandaliser, que, spectatrice attristée, mais impuissante de ce drame de l'alcoolisme, elle verra cet homme, malgré ses supplications et ses larmes, courir à l'abîme, entraînant avec lui sa femme et ses enfants, pourra-t-elle encore lui garder l'affection des anciens jours, avoir avec lui les confidences intimes qui font le bonheur du foyer domestique: en un mot, pourra-t-elle encore l'aimer comme épouse et comme amie?

Comparant les promesses du passé avec les tristes réalités du présent et les misères plus grandes encore qu'elle entrevoit dans l'avenir, cette femme dira avec amertume ce que j'ai entendu plus d'une fois : « Oui, j'ai aimé cet homme, je l'ai aimé de tout mon cœur, j'étais prête à sacrifier ma

vie entière à son bonheur... mais aujourd'hui, c'est
plus fort que moi, je ne le respecte plus, je ne
l'aime plus, je le méprise... »

Qui trouvera ce jugement trop sévère?
Qui osera blâmer cette femme?

De toutes les épreuves qui peuvent atteindre une
femme, surtout une mère, la plus cruelle et la plus
désespérante est, à coup sûr, d'avoir pour mari un
ivrogne. L'infortunée! elle devra porter une croix
lourde et pleine d'humiliations, sans presque
aucun espoir d'en être soulagée un jour.

Jadis les anciens avaient imaginé un supplice
effrayant pour le criminel coupable d'homicide. Ils
l'attachaient tout vivant au corps de sa victime et le
laissaient ainsi périr dans une agonie épouvantable.

Il se passe quelque chose de semblable dans le
drame de l'alcool; seulement, dans ce cas, c'est l'in-
nocente qui devient la victime de son bourreau.

Une femme vertueuse et honorable voit son existence liée à celle d'un malheureux qui l'entraînera
dans toutes les misères, jusqu'à la ruine la plus
profonde.

Encore une fois, peut-elle continuer d'aimer
quand même l'homme qui la martyrise si cruelle-
ment dans son cœur et dans son corps?

Et les enfants?

Pourront-ils encore respecter et aimer leur père, le chef de la maison?

Dans cet homme, abruti ✱ar l'ivresse, incapable de régler ses mouvements, ne sachant plus que dire des paroles insensées ou des blasphèmes, trop souvent même éclatant en injures ou en menaces contre leur mère, reconnaîtront-ils celui qui a le droit de commander l'obéissance?

***

Un ivrogne occupant une haute position sociale avait un fils âgé de quinze ans. Cet enfant, bon et affectueux pour ses parents, avait une nature très impressionnable et de plus un sentiment de l'honneur fort développé.

Or un jour qu'il causait sur la rue avec un de ses jeunes amis, il voit de loin venir son père, mais en quel état! Le malheureux était ivre, les vêtements en désordre et souillés de boue... et les passants ricanaient en le voyant arpenter le trottoir d'un pas mal assuré.

L'enfant pâlit à ce spectacle : « Viens, viens, dit-il à son ami, partons vite, j'ai le cœur brisé! »

Et depuis ce jour fatal, il perdit tout respect pour

son père; rien ne fut capable d'effacer de sa mémoire un souvenir si triste et si humiliant. Dans
ses moments lucides, le père se plaignait ensuite
des manques d'égards de son fils, mais la blessure
était inguérissable, et lui-même l'avait faite.

.·.

Un médecin revenait souvent ivre à la maison.
La femme surveillait avec soin le retour de son
mari pour faire retirer les enfants et leur épargner
ce scandale.

Un jour pourtant, sa prévoyance fut en défaut,
et l'homme complètement ivre surprit au salon
son plus jeune fils, âgé de quatre ans.

A la vue de cet homme aux yeux injectés de sang,
aux traits bouleversés par la boisson, l'enfant
prend peur, il ne reconnaît pas son père et court
se blottir dans un coin du salon.

Le père l'appelle : — « Viens, mon petit, viens
embrasser ton père ! »

L'enfant effrayé ne bouge pas.

Le père redoublant ses appels s'avance pour
prendre son fils dans ses bras. Alors l'enfant, dans
sa terreur, dit une parole bien brutale mais que je
rapporterai textuellement :

— « Non, dit-il, je ne veux pas embrasser un
cochon comme vous... Vous n'êtes pas mon père !... »

Le père s'arrête comme un homme qui vient de recevoir un coup en pleine poitrine, son ivresse se dissipe en un instant! « Mon Dieu! s'écria-t-il, est-il possible d'entendre pareille parole de la bouche de mon enfant?... Mais il a raison. Je me conduis vraiment comme un animal et non plus comme un homme... A partir de ce jour je jure de ne plus jamais prendre un seul verre de boisson forte! »

Cet homme, qui vit encore, a tenu sa promesse.

Sentiments religieux

L'homme qui se prépare à devenir un ivrogne, est un chrétien qui a cessé de prier et de demander aux sacrements la victoire sur ses passions.

Tant qu'un homme reste uni à Dieu, qu'il se confesse et communie souvent, il ne saurait devenir la victime de l'alcoolisme. Il résiste, il lutte, il montre de la bonne volonté ; avec le secours de Dieu, il empêchera l'habitude de la boisson de s'enraciner en lui et de le dominer.

Le démon le sait bien. Aussi fait-il tous ses efforts pour détacher l'homme d'une alliance qui le protège efficacement contre ses attaques. Il faut que, par degrés, il fasse abandonner la prière et l'usage des sacrements, pour qu'il puisse enfin engager avec succès la lutte entre la passion et la volonté humaine.

S'il y réussit, sa victoire définitive sera certaine.

Ainsi le démon a préparé avec soin le terrain de ses opérations futures.

Isolement de l'homme

Il a peu à peu enlevé à l'homme tous les secours extérieurs, toutes les forces de résistance qu'il possédait : la réputation, l'affection de la famille, l'union avec le ciel.

Désormais l'homme est isolé.

Il est seul en face de la terrible passion qui va l'attaquer dans les facultés de son âme et dans les forces de son corps.

Seul en présence du démon de l'ivrognerie, qui, d'une main puissante, le saisira et ruinera, l'une après l'autre, la tête, le cœur et le corps.

Seul au pouvoir de l'ennemi implacable qui, assouvissant sur l'homme la haine qu'il porte à Dieu, prendra un plaisir infernal à le dégrader et à le conduire à l'abîme.

Ce travail de dissolution et de dégradation sera lent, presque imperceptible ; l'homme n'en aura pas conscience. Là précisément est le grand danger de l'alcoolisme, le secret de sa victoire fatale.

Le buveur s'abrutit sans en avoir conscience. Autour de lui, tout le monde remarque cette décadence progressive; lui ne la voit pas et persiste à la nier. Pareille à la phtisie qui fait chaque jour son œuvre de mort, sans que la victime se rende compte du changement qui s'opère dans sa constitution, l'ivrognerie épuise peu à peu la vie intellectuelle et physique de l'homme, jusqu'à ce que toute guérison devienne impossible et la catastrophe imminente.

Cela prendra peut-être des années. Mais qu'importe les années au démon de l'ivrognerie, pourvu qu'enfin il s'empare un jour de sa victime!

Lui aussi sait attendre, parce qu'il est immortel...

VIII

LE DRAME DE L'ALCOOLISME

(Suite)

LES RUINES

Le duel à mort entre l'homme et le démon de l'alcool est engagé; suivons-en maintenant les diverses péripéties... Ce sont des ruines qui vont s'accumuler l'une sur l'autre : ruine des facultés intellectuelles; ruine des facultés affectives; ruine de la moralité et des vertus chrétiennes; ruine des forces vitales du corps, épuisement graduel de l'homme qui fatalement le mènera à la mort.

1° RUINES DES FACULTÉS INTELLECTUELLES

Dans la première période de l'alcoolisme, les stimulants donnent aux facultés intellectuelles de l'homme une énergie qui l'enchante et l'attire.

Sous l'empire de cette surexcitation des centres nerveux du cerveau qui servent d'auxiliaires aux opérations de l'âme, l'intelligence devient plus active, l'imagination plus brillante et la volonté elle-même sent doubler ses forces.

Mais la réaction ne tarde guère à se produire... Après ces coups de fouet violents de l'alcool, l'intelligence fatiguée baisse et s'affaiblit graduellement. Elle perd peu à peu la lucidité de ses conceptions, l'aptitude à en suivre les développements, à en apprécier la justesse et la valeur; le jugement s'obscurcit, les fumées de l'alcool forment autour de lui des nuages qui deviennent de plus en plus sombres.

Que de jeunes gens ont sacrifié à la passion de l'alcool le brillant avenir qui leur était réservé !

Au sortir du collège, à la fin de leur cléricature, on les signalait comme des hommes supérieurs ;

leurs talents devaient leur ouvrir une carrière de succès. Chacun prédisait qu'ils monteraient haut et se feraient une place honorable dans la société.

Hélas! avant trente ans, ils avaient disparu dans l'ombre, le silence s'était fait autour de leur nom; et ces hommes que l'on saluait d'avance comme des gloires futures de la patrie, ne font plus que végéter dans les bas-fonds de la société.

Une fois de plus, l'alcool, avec les vices qu'il provoque et qu'il entretient, a étiolé pour jamais ces belles intelligences, comme le soleil étiole et flétrit les plantes qui sont exposées à ses rayons trop ardents.

La mémoire et l'alcool

L'abaissement de l'intelligence est accompagné de la perte graduelle de la mémoire qui devient infidèle, confuse, mêlée.

Le buveur ne garde plus de ses actes et de ses transactions qu'un souvenir vague et incohérent. S'il est marchand, il ne peut guère espérer de succès dans ses affaires; presque infailliblement, il s'en ira à la banqueroute. S'il est avocat ou médecin, il verra peu à peu la clientèle s'éloigner de lui, et il lui sera impossible de la ramener. Qui voudrait confier des affaires importantes à un homme dominé par la passion de la boisson?

Bientôt le vide se fera autour de lui et l'alcool le mènera jusqu'à la dernière des misères.

A Québec, un homme qui fut l'un des médecins les plus distingués de la ville se mit à boire et tomba dans une indigence telle qu'il en était réduit à aller de porte en porte mendier chez ses confrères le pain nécessaire à la vie.

Que de décadences et de ruines l'alcool n'a-t-il pas causées parmi les membres des professions libérales !

La volonté et l'alcool

Et la volonté, que devient-elle, sous l'influence des boissons fortes? Elle s'affaiblit rapidement et en vient à être totalement dominée par la passion de l'ivrognerie; la liberté fait naufrage. L'homme ne peut plus dire la parole d'énergie qui exprime la force morale : *Je veux*, et cela sera; il en est réduit à balbutier tristement le mot de l'impuissance : *Je voudrais;* oui, je voudrais me corriger, je voudrais ne plus boire, mais c'est plus fort que moi : impossible de résister.

Que de prêtres ont entendu cette parole désespérée! Que d'ivrognes ont répété ce que disait un malheureux père de famille : « Mon Père, je voudrais bien me confesser. Je voudrais bien promettre de ne plus boire !... Mais à quoi bon?... Au sortir de votre chambre, si un ami m'offre un verre de boisson, je n'aurai pas la force de le refuser... »

Et le pauvre homme pleurait... Il pleurait de ces larmes d'ivrogne si pénibles à voir, et qui ne font que constater une impuissance de volonté, presque toujours irrémédiable.

2° RUINE DES FACULTÉS AFFECTIVES

Mais l'alcool exerce surtout une influence désastreuse sur les facultés affectives de l'homme. L'intelligence et la mémoire ne paraissent pas encore avoir souffert, que déjà le cœur est atteint dans sa nature et modifié dans ses sentiments. Nulle part la ruine n'est plus lamentable, ni plus complète.

Phénomène étrange ! le tempérament sanguin, nous l'avons dit, prédispose à la passion des boissons fortes. C'est parmi les bons vivants, les hommes au cœur plein de tendresse et de générosité que l'alcool fait plus facilement des victimes. L'on reste stupéfié à la vue des changements que la boisson opère, en peu de temps, dans les habitudes et le tempérament de ces hommes.

Vous les avez connus autrefois bons pères de famille, remplis d'égards pour leur femme, d'affection pour leurs petits enfants.

Devenus ivrognes, vous les retrouvez sans entrailles, sans pitié, sans cœur. Une révolution effrayante s'est faite en eux; elle a tué toute sympathie, tout sentiment d'affection, toute intelligence du devoir.

La femme pleure et supplie, les petits enfants joignent leurs prières à celles de leur mère pour empêcher le père de boire ; l'ivrogne reste froid et insensible. La misère frappe à la porte de la maison, le pain manque, les enfants souffrent du froid, leurs vêtements tombent en lambeaux... l'ivrogne n'en a cure.

Les sentiments généreux d'autrefois ont fait place à la passion la plus impitoyable et la plus cruelle : l'égoïsme.

Oui, l'ivrogne est devenu un égoïste et le pire des égoïstes. Il ne songe plus qu'à lui, à la satisfaction de la passion qui le dévore... Le reste lui est indifférent. L'égoïsme sera désormais le seul mobile de ses actions. L'égoïsme, c'est-à-dire la passion diabolique par excellence, celle qui ne connaît ni pitié, ni charité pour les autres, qui ne recule devant aucune audace, souvent même devant aucun forfait pour assouvir ses appétits déréglés et sauvages.

De l'homme honorable d'autrefois, du père de famille affectionné à sa femme et à ses enfants, il ne reste plus qu'un être incapable de résister aux appels de sa passion ; disons le mot, une sorte d'animal avec des instincts, mais, comme l'animal, sans entrailles et sans cœur.

3° RUINE DE L'HOMME MORAL ET DU CHRÉTIEN

Voilà déjà bien des ruines causées par l'alcool ; cependant nous n'avons pas encore vu les plus tristes. Le démon a dévasté les facultés intellectuelles et affectives de l'homme ; tout à l'heure, nous le verrons opérer les mêmes ravages dans ses forces physiques et sa constitution, mais ses desseins vont plus loin.

Que lui importe, après tout, la dissolution prématurée d'un être qui, dans quelques années, ne sera plus qu'un peu de poussière de tombeau ! Ce qu'il veut surtout, c'est la dégradation de l'homme moral, du chrétien appelé un jour à glorifier Dieu au ciel. Oui, il faut que l'âme humaine ornée de tant de dons naturels et divins, les échange contre les laideurs de l'enfer; il faut que des vices diaboliques remplacent en elle les vertus chrétiennes; il faut qu'à la vue de ce changement, le ciel s'attriste et que l'enfer se réjouisse et triomphe.

Shakespeare avait raison. L'alcool est un démon qui se venge de Dieu en dégradant l'homme formé à son image et en le transformant en un être qui n'aura plus que des mœurs et des passions diaboliques.

L'alcool e. le mal moral

Que devient, en effet, chez l'ivrogne le sens du juste et de l'injuste, l'honnêteté dans les affaires, le respect de la propriété et des droits d'autrui?

N'est-ce pas toujours sous l'excitation troublante de l'alcool que le marchand fait des transactions frauduleuses; que le jeune commis vole ses patrons, sacrifie son honneur, et son avenir; que l'employé public, le comptable de banque, l'homme de confiance joue à la Bourse, falsifie ses comptes, *emprunte* à la caisse et finit sa carrière par le déshonneur et la prison?

Tous ces hommes furent plus ou moins magnétisés par l'alcool et les jouissances qu'il assure; or, pour cela, il faut plus d'argent qu'ils n'en gagnent honnêtement; la tentation les emporte, ils volent.

Sous l'influence de l'alcool, que deviennent la pureté, le respect de soi-même et de la situation sociale?

N'est-ce pas alors que le jeune homme, excité par le feu qui lui brûle les veines, s'abandonne à tous les excès? *Le vin et la jeunesse*, dit saint Jérôme, *sont les deux flammes de la volupté. Pourquoi jeter de l'huile sur le feu? Les premières armes que le démon emploie contre les jeunes gens sont le vin et la bonne chère.*

N'est-ce pas alors aussi que le père de famille, l'homme honorable, oubliant tous ses devoirs, se laisse aller aux séductions les plus coupables; qu'il commet les fautes les plus graves, dont le souvenir pèse ensuite si lourdement sur la conscience?

Saint Laurent Justinien décrit en peu de mots les résultats funestes de l'ivrognerie :

« Par elle, dit-il, la constitution est affaiblie, les flammes de la débauche sont allumées, la raison est détruite et la porte est ouverte aux crimes et aux meurtres de toutes sortes.

« L'ivrognerie fait dire des paroles insensées, des médisances et des folies; l'intelligence est hébétée, la maturité de la pensée disparaît, une joie folle la remplace, renverse toutes les barrières et mène à toutes les corruptions. »

L'alcool et l'ordre public

Enfin, sous l'influence de l'alcool, que devient le respect de l'ordre public, des lois du pays, de la propriété et même de la vie de nos concitoyens?

N'est-ce pas la boisson qui peuple les prisons et les pénitenciers? Interrogez ces hommes : la plupart vous diront qu'ils sont condamnés pour des délits commis sous l'influence de la boisson et dont ils ont eu à peine conscience.

Dans une visite à la prison de Québec, sur dix détenus qu'elle contenait, sept accusés d'actes passibles de plusieurs années de pénitencier m'avouèrent n'avoir aucune souvenance des actes qu'on leur reprochait. Ils les avaient commis en état d'ivresse.

N'est-ce pas encore la boisson qui d'habitude pousse à ces crimes horribles, à ces assassinats atroces qui épouvantent la société et rappellent, au sein de notre civilisation, la férocité des tribus les plus barbares?

Excitée par l'alcool, la bête humaine reprend toute sa sauvagerie. Les pires instincts de l'homme sont mis en ébullition : jalousie, haine et vengeance. Sous les coups de l'alcoolisme, l'animal, incapable d'être contrôlé par la raison ou la loi, s'abandonne à sa furie brutale, et, sans se soucier de la conséquence de ses actes, il se jette sur sa victime, frappe et tue.

Un magistrat, auquel une longue expérience judiciaire donne une grande autorité, disait au Congrès de Liège en 1886 : « L'alcool se trouve à la source *des trois quarts des procès criminels*, et à peu près à *celle de la moitié* des procès civils. »

De son côté, M. O'Shaugnessy, président des tribunaux irlandais, a fait entendre ces paroles : « Trente ans, j'ai été président du jury des divers comtés; j'ai présidé plus de causes criminelles que la plupart de mes contemporains. Eh bien ! j'assure de la manière la plus formelle que j'ai eu devant moi à peine un seul cas de crime contre les personnes, qui ne fût pas la suite de l'ivresse. »

N'avons-nous pas justifié l'accusation portée au commencement de ce chapitre contre l'alcool, à savoir, qu'il cause la ruine totale de l'homme moral et du chrétien?

Que reste-t-il des vertus propres à notre nature, des grâces qui doivent aider l'homme à s'élever jusqu'à la ressemblance de Dieu?

Une société exclusivement composée d'ivrognes n'offrirait-elle pas, sur la terre, l'image la plus fidèle d'une réunion de démons vivant dans des corps d'hommes, et étalant au grand jour les mœurs et les habitudes de l'enfer?

Un drame de la vie réelle

Il y a quelque vingt ans, vivait à Montréal un riche manufacturier qui avait une famille de six enfants. Cet homme était bon, généreux, aimable; on ne pouvait trouver maison plus unie ni plus heureuse.

Mais les affaires allèrent mal et l'homme se mit à boire. On essaya de tous les moyens pour l'arrêter, et pendant quelque temps, grâce à la prière et aux sacrements, la passion enrayée cessa de faire des progrès.

Le jour de Noël 18... il fit venir un prêtre chez lui. Là, dans le salon de la famille, en présence de sa femme et de ses enfants, le père demanda

humblement pardon des scandales qu'il avait donnés par sa boisson et des chagrins qu'il avait causés
à sa famille. Puis, avec une éloquence touchante,
il supplia ses enfants de ne jamais toucher aux
boissons fortes de leur vie, et se jetant à genoux,
il implora pour lui et sa famille la bénédiction du
prêtre.

Pendant un temps, il se maintint parfaitement
sobre; malheureusement, il négligea la pratique
des sacrements, et la terrible passion s'empara de
nouveau de lui pour ne plus le lâcher.

Deux ans plus tard vint la banqueroute. Il fallut
tout vendre et aller se réfugier dans un des faubourgs de la ville. Débilité par la boisson, le père
ne put trouver de l'emploi, et la gêne se fit sentir
à la maison; mais, lui, continuait de boire.

Il réussit à trouver de modestes situations pour
ses deux aînés, l'un âgé de quatorze ans, l'autre de
douze. Ils gagnaient chacun quelque huit piastres
par mois, c'était tout ce qu'il y avait pour soutenir
la famille. Le malheureux père, emporté par sa
passion, guettait ses enfants le jour de la paie, et
leur arrachait la plus grande partie de leur maigre
salaire, qu'il allait boire à l'auberge, tandis que la
misère la plus profonde régnait dans la maison.

Un jour de janvier, il n'y avait plus ni pain, ni
bois, ni argent. A quatre heures de l'après-midi, la
femme et les enfants n'avaient pas encore mangé

de la journée. Il fallut aller mendier des secours au presbytère de la paroisse...

Et le père buvait toujours.

Cet homme si bon autrefois, si affectionné à sa femme et à ses enfants, était devenu violent et brutal. Il en vint au menaces, puis aux coups, et, plus d'une fois, la police dut protéger la famille contre les assauts de l'ivrogne.

Quatre années s'écoulèrent de la sorte. La dégradation du père devenait de plus en plus profonde et irrémédiable.

L'aîné des garçons avait atteint ses dix-huit ans, mais épuisé par un travail trop fatigant, miné surtout par le chagrin que lui causait la conduite de son père, il tomba malade et mourut au bout de quelques jours.

Le père était en fête. Il n'eut connaissance du malheur qui était arrivé qu'au moment même où l'on allait porter le corps à l'église. Alors, se jetant sur la bière de son fils, il éclata en sanglots. « Mon pauvre enfant, c'est moi, ton père, qui t'ai donné la mort! Misérable que je suis! Pourquoi donc Dieu ne m'a-t-il pas frappé à ta place? Mon fils, pardonne à ton malheureux père! »

L'infortuné suivit le cadavre de son enfant à

l'église et au cimetière, mais le soir, quand il revint à la maison, il était ivre...

Quelques années encore s'écoulèrent.

Un jour, sur la rue Craig, je vis venir de loin un homme titubant sur le trottoir. Son aspect était sordide, il avait l'air d'un vagabond de la plus triste espèce. Les vêtements en haillons et souillés de boue, la barbe et les cheveux dans le plus grand désordre, le visage tuméfié et abruti par la boisson, les yeux regardant vaguement dans le vide... et les passants se détournaient avec dégoût du chemin de l'ivrogne.

Arrivé plus près, je reconnus le malheureux; c'était M. X... La ruine était complète. Et je me souvins des jours d'autrefois, et je revis la maison où l'on vécut si heureux, et je me rappelai la touchante scène de Noël... Tout cela n'était plus qu'un rêve; la triste réalité, je l'avais sous les yeux.

Quelques mois plus tard, l'ivrogne tombait pour ne plus se relever.

IX

LE DRAME DE L'ALCOOLISME

(Suite)

LES RUINES

Ruine du corps

Après les ruines intellectuelles et morales, il nous reste à voir les ruines physiques que l'alcool opère dans le corps humain. Les médecins vont nous les expliquer.

Rappelons d'abord quelques données scientifiques sur la nature des alcools.

« Ils contiennent tous un principe toxique, un poison qui, bien que dilué, finira cependant par produire son effet fatal.

« L'alcool n'est pas assimilé par l'homme, comme les autres aliments qui servent à sa nutrition, mais charrié par le sang sans perdre sa personnalité, il se trouve successivement en contact avec tous les organes du corps et exerce sur chacun d'eux une action spéciale. Il lui faut en général de six à trente-deux heures pour disparaître complètement. » (Dr Lefebvre.)

Or les médecins nous disent qu'il attaque de préférence les organes de la digestion, de la respiration et les centres nerveux du cerveau, en y produisant des troubles graves et souvent mortels.

Signalons ses effets ordinaires sur chacun de ces organes.

Organes de la digestion et de l'élimination

Estomac, foie et reins. — L'estomac qui reçoit directement l'alcool est attaqué le premier de tous. « Il devient le siège d'une irritation, d'une inflammation continuelle. Pour la faire cesser, le buveur renouvelle chaque jour les mêmes excès... Bientôt l'estomac, sans cesse enflammé par l'alcool, offre çà et là de larges plaques de ramollissement, il devient impropre à la digestion, la dyspepsie apparaît, ou un squire, une tumeur qui emporte le malade au milieu d'atroces douleurs. » (Dr Bélouino, p. 137.)

Le Dr Lefebvre, tout en signalant les mêmes effets, donne des détails bons à connaître.

« ... L'alcool, dit-il, produit à la longue et à peu près fatalement l'inflammation chronique de l'estomac. Un des premiers symptômes de cette irritation, c'est ce dérangement du matin auquel on a conservé, par respect pour notre langue, sa dénomination latine : *vomitus matutinus potatorum.*

« L'homme sobre éprouve d'ordinaire à son réveil la sensation de la faim. C'est le cri des organes sains qui réclament leur pitance. Le buveur éprouve une sensation toute contraire : il ressent un poids incommode à l'estomac, une sorte de malaise général et même d'angoisse, après quoi il rejette la preuve sordide de son intempérance.

« Heureux l'homme que ce premier avertissement de la nature fait rougir, et qui, s'armant d'un courage viril, rompt promptement avec une passion naissante.

« S'il continue à boire, les affections de l'estomac s'accentuent et s'aggravent : on constate la gastrite chronique, souvent la gastrite ulcéreuse. L'intestin présente des altérations tout à fait parallèles. Je ne crains pas de me tromper en affirmant que, chez l'homme adulte, la moitié des gastrites et des entérites graves reconnaissent pour causes l'abus des boissons spiritueuses ou des boissons fermentées. » (*Rev. des Quest. scientif.*, t. IX, p. 808, 1re série.)

Le foie. — « L'alcool semble se complaire à porter sur le foie ses coups les plus rapides et les plus meurtriers.

« Cette glande, que l'on a définie le balancier de l'horloge humaine, dégénère, tantôt en une masse graisseuse, à peu près comme les oies que l'on gave dans l'obscurité, tantôt en un viscère congestionné, durci, atrophié, incapable de remplir aucune fonction vitale et provoquant la mort par inflammation du foie ou hydropisie, selon le proverbe aussi vrai que pittoresque : Qui a vécu dans le vin meurt dans l'eau. » (H. Martin, *Étud. rel.*, an. 1888.)

Quand un homme est atteint de cette maladie du foie, il n'a plus qu'à faire son testament et à se préparer à la mort. Aucun remède humain ne peut le sauver.

En 187... je fus appelé près d'un homme d'une quarantaine d'années, grand, robuste, taillé en véritable athlète. Cet homme ne s'enivrait jamais, disait-il, mais il absorbait chaque jour une quantité considérable d'alcool. Il souffrait d'une enflure de l'abdomen, la digestion ne se faisait pas...

Le médecin, me prenant à part, dit ces quelques

mots : « Préparez cet homme à la mort... Il a un whisky-liver (un foie de whisky). Vous le verrez fondre peu à peu comme une chandelle. »

De fait, l'homme, réduit à l'état de squelette, mourut d'inanition quelque temps après.

« La statistique prouve, dit le Dr Lefebvre, que les deux maladies les plus graves du foie, la dégénérescence graisseuse (stéatose) et la cirrhose ou atrophie de l'organe, deux altérations incompatibles avec la vie quand elles sont arrivées à un certain degré, reconnaissent le plus souvent pour cause l'abus des boissons alcooliques. » (*Rev. Quest. scient.*, t. IX, p. 509.)

Lancereaux, sur 90 cas de dégénérescence graisseuse du foie, a constaté 70 fois comme cause l'abus des boissons spiritueuses.

Le rein. — « Les maladies alcooliques du rein sont fréquentes... Une des plus communes, grave jusqu'à l'incurabilité absolue, la dégénérescence granuleuse, reconnaît dans les trois quarts ou les quatre cinquièmes des cas l'alcool comme cause productrice.

« C'est une maladie qui court aujourd'hui les rues et dont nous avons tous rencontré les victimes, reconnaissables à leur face bouffie et terreuse et à l'hydropisie qui envahit progressivement tous les organes. Ils rejettent, pour ainsi dire, leur vie avec l'albumine que leurs reins malades laissent échapper avec l'urine. » (Dr Lefebvre, p. 510.)

M. Arthur Dansereau a publié dans la *Presse*-de Montréal (21 déc. 1895 et suiv.) des articles très élaborés sur les effets de l'alcool. Je lui emprunterai la description saisissante qu'il fait des maladies de foie et de rein causées par l'abus des boissons alcooliques.

« A la suite d'une longue pratique (de l'alcool), le foie, qui s'est d'abord élargi, cède à l'action vénéneuse de l'alcool qui, comme tous les poisons, fait du foie ses quartiers généraux. La contraction des membranes s'opère peu à peu, parce que les dépôts des matières étrangères qui s'y sont infiltrées arrêtent la circulation. L'organe diminue de volume, se dessèche, et durci par la boisson se trouve forcé de refuser tout secours.

« On ne s'aperçoit guère de ce travail. Le fait est que le premier symptôme perceptible est l'enflure du ventre. Ce ballonnement ne vient pas de l'expansion du foie, mais du séjour dans la cavité abdominale de matières que le foie ne peut plus

recevoir et qui produisent une inflammation.
Après l'enflure, l'issue est presque toujours fatale.

Le diabète et l'alcool

« Une des premières périodes de cette maladie
du foie provoque quelquefois le diabète, c'est-
à-dire, un excès de sucre passant par le rein. L'élé-
ment sucré entre dans l'organisme par la nutrition
en quantités considérables...

« Le foie, d'après les dernières théories médica-
les, est le grand tamiseur de ce sucre qui, une fois
désamalgamé, se distribue ensuite facilement.
Lorsque le foie est trop démoralisé pour remplir
cette fonction, le sucre vient se faire dialyser dans
les reins, comme dit l'école, et ce travail les détruit.

La maladie de Bright

« Le pendant du diabète est la maladie de Bright,
affection incurable.

« Tout le sang passe par les reins, pour se faire
délivrer des substances salines, qui seraient nuisibles au restant de l'organisme, si elles avaient la
permission d'y séjourner. Les reins ont pour mission d'attraper au passage tous ces sels inutiles ou
malsains et de les rejeter hors du corps.

« Mais l'alcool y fait là ce qu'il fait dans le foie.

« Lorsqu'il a trop dilaté les nombreux petits vais-seaux qui composent les reins, il en a rendu les membranes trop faibles. Elles se laissent traverser non seulement par les liquides salins qu'elles doivent intercepter, mais aussi par l'albumine que le sang doit transporter ailleurs pour former la charpente humaine.

« Or, faire échapper l'albumine par les reins, c'est se donner des saignées à cœur de jour... Si vous voulez apporter de l'eau à la maison dans une écumoire, vous y arriverez certainement à sec. Les reins deviennent le couloir de la vie humaine, force vitale, tout passe par là. Et vu que le tissu des reins n'est pas le même que celui du foie, l'alcool ne le redurcit pas quand il l'a aminci.

« Tous les organes dépérissent tranquillement; et comme ils ne peuvent se reconstituer, un délabrement général précède une mort certaine. » (A. Dansereau, *Presse*, 6 janvier 1896.)

Le cœur, les poumons, le cerveau

Voici la populaire et pittoresque description que M. A. Dansereau fait de la circulation du sang et des effets que l'alcool y produit.

« Le système de la circulation dans l'organisme humain, dit-il, est assez simple.

« Le cœur l'envoie dans les poumons pour le faire purifier par l'air respiré, puis il l'expédie dans les autres artères, depuis la tête jusqu'aux pieds. A côté, se trouvent les veines opérant en sens contraire, chargées de le ramener au point de départ. C'est-à-dire, qu'après avoir été une pompe refoulante, le cœur devient une pompe aspirante, mais il se fait une singulière opération durant le passage des artères aux veines.

« Nous avons dans notre organisation des millions de petits vaisseaux qui ont leur source dans l'artère et leur décharge dans la veine. Le sang artériel visite tous ces petits canaux, les nettoie et leur laisse, comme le boucher et le laitier à nos portes, quelques provisions de ravitaillement. Car, du moment que nos organes s'usent au service, atome par atome, fibrille par fibrille, il faut nécessairement couvrir les défalcations. Ce sang ne retourne pas dans l'artère, il continue son chemin vers la veine à laquelle il confie tous les déchets recueillis.

« C'est ce que le cœur rappelle à lui, pour le soumettre de nouveau à la purification des poumons. On voit que malgré tous les cloisonnages et la tuyauterie améliorés des prés, sols et sous-sols, l'agriculture moderne n'a rien trouvé de neuf. Les petits canaux qui nous arrosent le corps à chaque pulsation du cœur, sont un système parfait d'irrigation.

8.

« Mais ces conduits capillaires ont un grand privilège : celui de ne prendre que la proportion voulue de liquide. Pour ne pas se tuméfier, ou même éclater sous la pression des artères, ils peuvent baisser l'écluse, aussitôt leur provision faite. C'est notre état normal.

« Or, le premier effet de l'arrosage alcoolique est de paralyser ces canaux, qui reçoivent bien le sang, mais qui ne peuvent plus se refermer. Ils sont inondés.

« De là la rougeur qu'un verre de vin répand sur le visage. On ne voit que la figure, mais toutes les autres parties du corps : poumons, foie, reins, etc., sont traitées de la même manière. C'est alors que la résistance du sang, diminuant, par cet éparpillement, le piston du cœur est forcé de fonctionner plus rapidement. En d'autres termes, c'est un surcroit de travail absolument perdu. »

* *
*

« Un médecin anglais, le Dr Richardson, raconte comment, par une simple expérience, il convainquit un homme intelligent des effets funestes de l'alcool sur le fonctionnement régulier du cœur.

« Cet homme lui vantait les avantages de la boisson et avouait que, sans elle, il lui serait impossible de fournir sa tâche quotidienne de travail.

« Le Dr Richardson lui dit :

« — Ayez donc la bonté de compter les pulsations de mon pouls, pendant que je me tiens debout.

« L'autre le fit et il lui demanda combien il en avait compté dans une minute?

« — Soixante-quatorze, lui dit-il.

« — Très bien. Alors il s'assit et le pria de compter de nouveau.

« — Le pouls est descendu à 70.

« — Il s'étendit sur un sofa et le fit compter encore.

« — Seulement 64, c'est étrange !

« Alors, il lui dit : Voilà ce qui arrive quand vous vous reposez la nuit. Vous n'en avez pas conscience, mais votre cœur repose lui aussi, il a 10 pulsations de moins par minute que durant le jour. Multipliez-ce nombre par 60, cela vous donnera 600. Multipliez le par 8 heures, le temps que vous dormez, cela vous donnera une différence de 5.000 pulsations, et comme chaque pulsation du cœur lance six onces de sang dans la circulation, cela fera une épargne de 30.000 onces durant la nuit. Voilà ce qui arrive quand je me couche sans alcool, mon cœur repose durant la nuit.

« Mais vous, en prenant votre grog le soir, non seulement vous supprimez ce repos, mais de plus, vous imposez à votre cœur quelque 15.000 pulsations de plus. Le résultat est que vous vous levez harassé, incapable de travail, jusqu'à ce que vous ayez remonté la machine par une nouvelle dose d'alcool. Vous la fatiguez outre mesure, et vous la ruinez. » (*Scientific American*).

Cette accélération fébrile des battements du cœur devra, dans un temps donné, avoir sur cet organe des conséquences funestes.

Une autre cause va apporter à la circulation et au fonctionnement du cœur un nouvel embarras.

« ... Si vous mettez un morceau de graisse dans l'alcool, vous savez que la graisse deviendra liquide. L'alcool, se trouvant mêlé au sang dans toute la circulation, charriera donc une grande quantité de matières grasses, qu'il déposera ensuite au hasard dans l'organisme : soit dans le foie, soit dans le cœur, et alors, vous vous trouverez en présence de la dégénérescence graisseuse qui deviendra bientôt mortelle.

« Tout le monde connaît la forme du cœur. Il renferme six couches de muscles reliés ensemble par des fibres. L'alcool remplace insensiblement ces fibres par de la graisse : c'est-à-dire qu'à mesure qu'elles s'usent, le vide est pris par une matière grasse. Le cœur perd donc peu à peu sa force musculaire, puisque la matière qui exprime sa sensibilité par des contractions et des expansions plus ou moins vigoureuses, s'y trouvera en moindre quantité; et le vaillant organe cesse ainsi de pouvoir envoyer le sang dans les artères avec l'énergie voulue.

« Arrive le temps ou l'impuissance est fatale.

« ... Quand le coroner passe, la réponse du jury est invariable : Syncope du cœur ! » (A. Dansereau.)

« Les médecins, dit le Dr Lefebvre, constatent, dans le quart des cas, l'intervention de l'alcool, dans la genèse des maladies les plus graves du cœur, des artères et des veines. »

L'appareil respiratoire et l'alcool

« Si nous jetons un coup d'œil sur les maladies de l'appareil respiratoire, nous constatons que la laryngite est un fait commun en alcoolisme : tout le monde connaît la voix enrouée des buveurs de profession. Il en est de même de la bronchite. Les poumons eux-mêmes sont sujets à des altérations graves, savoir : l'inflammation aiguë, l'inflammation chronique et surtout cette phtisie spéciale qu'on désigne aujourd'hui sous le nom de phtisie granuleuse. » (Dr Lefebvre, *Q. scient.*, p. 510.)

L'alcool et les centres nerveux du cerveau

« C'est de tous nos organes, dit le Dr Lefebvre, celui qui ressent le plus vivement le choc des boissons alcooliques. » Les raisons qu'il en donne sont, d'une part, l'affinité exceptionnelle du tissu nerveux pour l'alcool, et, d'autre part, l'extrême délicatesse de ce tissu.

« Instrument des manifestations de l'âme pendant le cours de notre vie mortelle, le cerveau vibre au souffle de ses pensées et de ses émotions. Comme un clavier docile, il les traduit fidèlement quand il est intact. Mais comme il est pétri de matière, il obéit aussi à des excitations parties de la matière.

« L'homme a trouvé dans certaines substances, et spécialement dans l'alcool, le secret vraiment redoutable de tendre à son gré les ressorts de cet organe. Or voici où commence un mystère insondable et terrible.

« Lorsque l'alcool a jeté le désordre dans ce merveilleux instrument de l'âme, l'âme elle-même est comme affolée : elle perd non seulement le gouvernement du corps, mais le gouvernement d'elle-même.

« Si l'abus se prolonge, la cellule nerveuse se détruit par l'un des procédés pathologiques que nous avons indiqués. L'alcoolisé arrive successi-

vement à la paralysie du mouvement et de la sensibilité et à la démence qui est le silence de l'âme
dans un organisme en ruine... » (Dr Lefebvre, *loc.
cit.*, p. 511.)

Le peuple a donc très justement baptisé l'alcool :
une grande vitesse pour l'asile des fous.

Les statistiques donnent raison à ce dicton populaire et accusent partout une progression de folie,
toujours parallèle aux progrès de l'alcoolisme.

L'abrutissement idiotique

Il y a quinze ans, j'avais connu un jeune homme,
beau garçon, au corps svelte, aux manières élégantes, à l'intelligence distinguée, aux goûts artisti-
ques, cultivant avec succès la musique et la poésie :
tout présageait à cet homme un avenir brillant.

Je l'ai revu dernièrement et l'on dut me dire :
« C'est un tel, » autrement je n'eusse jamais
reconnu mon ancienne connaissance.

J'étais en face d'un petit vieux tout décharné,
tout cassé, tout en ruine : la tête ravagée, le visage
rataliné comme un fruit desséché, et sur ce visage
le masque d'un hideux hébétement, précurseur de
la folie idiotique. Les yeux égarés et honteux
fuyaient le regard ; le corps, agité d'un tremblement

nerveux, n'avait ni repos, ni tenue. En parlant, l'homme secouait à la hauteur des épaules des mains de squelette; il faisait claquer convulsivement les doigts, en débitant à voix basse des phrases incohérentes dont on ne pouvait saisir le sens... L'idiot! l'idiot! On prenait en pitié cet homme qui allait bientôt disparaître, pour toujours sans doute, derrière les portes d'un asile d'aliénés. C'était mon élégant d'autrefois, l'homme de profession qui pouvait fournir une carrière heureuse et honorable! Voilà ce que la passion de la boisson en avait fait à quarante-quatre ans.

Dans nos grandes villes, souvent des hommes très en vue : négociants, avocats, médecins, disparaissent tout à coup. — Ils sont fatigués; ils ont besoin de repos; le système nerveux a été surmené. Ils voyagent pour leur santé, etc., etc. La vérité est que l'alcool a fait son œuvre. Le whisky que ces messieurs absorbaient chaque jour en grande quantité, a détraqué la tête et affolé l'intelligence... Ils ont à subir un traitement curatif dans quelque maison de santé!

C'est un premier avertissement. S'il n'est pas écouté, bientôt la folie permanente prendra pour toujours possession de sa victime.

X

LE DRAME DE L'ALCOOLISME

LA CATASTROPHE

Nous touchons au dénouement du drame de l'alcoolisme. Le duel à mort entre le démon de l'intempérance et l'homme va finir par une catastrophe. Le buveur, ruiné dans son âme et dans son corps, traîne son existence misérable dans l'isolement et le mépris : ce n'est plus un homme, c'est un dégradé, un abruti, *une guenille d'homme!*

Le démon s'apprête à frapper le coup décisif et à terrasser sa victime, en poussant un sinistre cri de triomphe.

Mort prématurée

La mort de l'ivrogne est ordinairement prématurée. Débilité par l'action corrosive de l'alcool, l'organisme contracte facilement des maladies qui en peu de jours, deviennent graves et mènent à une terminaison fatale.

« L'alcool prépare aux accidents et aux épidémies un terrain où il leur sera facile d'exercer leur puissance... Ainsi, dans l'État de New-York, on a vu durant une épidémie cholérique les membres des sociétés de tempérance presque indemnes, tandis que, sur 600 malades entrés à l'hôpital, il y avait, pour 6 admis, 5 buveurs. » (H. Martin, *Études religieuses.*)

C'est d'ordinaire vers les quarante ou cinquante ans que nombre de buveurs succombent. Et lors même que, par une suprême grâce, Dieu laisse à l'ivrogne le temps de se préparer à la mort, cette mort est toujours triste et inquiétante, au point de vue chrétien.

Durant de longues années, cet homme négligea ses devoirs religieux, et viola les lois de la morale en bien des circonstances. Aujourd'hui l'intelligence et la volonté affaiblies par de longs excès n'ont presque plus d'activité... Et de cet abruti il faut faire un saint !

Le moyen de faire comprendre à ce moribond les dérèglements de sa conduite, d'obtenir une confession sincère, une résolution ferme de quitter des habitudes qui, chez lui, ont pénétré jusqu'aux moelles, et cela, au milieu des souffrances de l'agonie et des transes de la mort!

Le prêtre fera bien son possible, mais que de craintes fondées n'aura-t-il pas sur les dispositions de cet homme et sur son aptitude à faire des actes cependant nécessaires à la conversion?

Suicide

Mais trop souvent, hélas! l'ivrogne n'aura pas même cette faible chance de salut : le suicide ou la mort subite, foudroyante, seront les portes par lesquelles il entrera dans l'éternité.

Dans un accès de délire tremblant, le corps agité par des chocs nerveux qui ne lui laissent pas un moment de repos, l'imagination bouleversée par des apparitions qui lui montrent partout des démons ou des bêtes horribles, des ennemis imaginaires, des dangers effrayants, le malheureux, perdant tout contrôle sur ses actes, se précipitera de la fenêtre de sa chambre, se jettera à la rivière, ou se logera une balle dans la tête... C'est la fin.

Le coroner tient son enquête et le jury rend son verdict ordinaire : — Mort dans un moment d'aliénation mentale!...

C'est vrai, mais quelle fut la cause de cette aliénation mentale? — L'alcool. Qui poussa cet homme à cet acte désespéré? — L'alcool, le poison que volontairement l'homme absorba durant de longues années et qui, aujourd'hui, produit le dénouement fatal.

Cet homme pourra-t-il justifier au tribunal de Dieu son acte désespéré et coupable?

L'alcoolisme et la mort subite

Non moins dramatique est la mort soudaine qui attend le buveur au détour d'un chemin et le frappe comme l'assassin frappe le voyageur sans défiance.

L'homme cependant avait eu des avertissements mystérieux. Des éblouissements, des vertiges passagers, des arrêts momentanés du cœur, des congestions cérébrales, de légères attaques de paralysie lui avaient dit que quelque pièce importante de la machine humaine fonctionnait mal. C'était une invitation solennelle à rompre avec la cause de ces troubles; mais l'homme, dominé par sa passion, n'avait rien voulu entendre. Or, un jour, un épanchement se produit au cerveau, une congestion de poumons se déclare, un caillot de sang obstrue une artère, un anévrisme, une syncope se fait au cœur, et comme une masse inerte, l'homme tombe sans connaissance et sans vie.

L'apoplexie, ce coup de foudre, « cette explosion muette de l'organisme qui tue les hommes dans une seconde, et les jette brusquement des bras de l'orgie dans ceux de la mort » (Bélouino, p. 149), est, bien plus souvent qu'on ne pense, la vengeance terrible que Dieu réserve à l'homme qui s'est laissé dégrader par la boisson. Un médecin, le Dr Descureto, va jusqu'à affirmer que « les trois quarts des morts subites sont occasionnées par l'ivrognerie et les débauches qui en sont les suites ». (Descureto, p. 56.)

Et le coroner passe, et le jury rend son verdict ordinaire : — Mort d'une syncope de cœur; mort d'une congestion de poumons; mort d'un épanchement au cerveau, mort par la visite de Dieu!...
La cause véritable de cette mort subite restera le secret de la famille, du médecin et du prêtre.

Pas d'espérance

Triste fin d'une vie humaine! plus triste fin encore d'une vie chrétienne! Quelle place laisse-t-elle à l'espérance et à la miséricorde?

Dans toutes les autres morts subites, même lorsque l'homme tombe sans pouvoir donner extérieurement le moindre signe de sentiment et de vie, il y a cependant lieu d'espérer encore... Qui sait? La vie n'est peut-être pas complètement éteinte à l'intérieur. Au moment même où l'homme a été atteint, quand il a senti son âme sombrer dans le gouffre de la mort, le malheureux a pu pousser vers Dieu le cri suprême du naufragé, et par ce repentir sauver son âme.

Rien de semblable à espérer pour l'homme que la mort frappe au milieu de l'ivresse. Il s'est mis volontairement dans l'impossibilité de faire aucun acte humain et, par conséquent, aucun acte surnaturel qui puisse réparer les fautes du passé.

Il tombe comme l'animal qu'on assomme à la boucherie ; comme lui il meurt sans en avoir conscience.

Aussi, en face d'une pareille mort, l'Église refuse-t-elle au cadavre de l'ivrogne l'entrée de ses temples et une place au cimetière, parmi ceux qui attendent la résurrection glorieuse et l'avènement du Fils de Dieu.

L'infortuné mort en état d'ivresse n'a, hélas! extérieurement du moins, aucune espérance de salut.

XI

AVERTISSEMENTS ET CONSEILS

Et cependant les avertissements et les conseils n'ont pas manqué au buveur. L'Écriture et les saints Pères lui ont prédit tous les malheurs qui sont arrivés.

« A qui dira-t-on malheur, pour qui seront les querelles et les pièges, sinon pour ceux qui passent leur temps à boire?... Ils se ruinent... L'intempérance est pleine de désordres... Elle produit la colère et l'emportement... Elle attire de grandes ruines; elle a tué bien des hommes. » (Prov. Eccl., *passim.*)

Voilà ce que les saintes Écritures disent au buveur.

De siècle en siècle, les saints Pères sont venus dénoncer aux hommes cette passion terrible et les prémunir contre les ravages qu'elle exerce.

« L'ivrognerie trouble l'ordre de la nature. » (Saint Augustin.)

« Le vin et la jeunesse sont les deux flammes de la volupté. Pourquoi jeter de l'huile sur le feu? Les premières armes que le démon emploie contre les jeunes gens sont le vin et la bonne chère. » (Saint Jérôme.)

« De l'ivresse, dit saint Grégoire, naissent la folle joie, les bouffonneries, l'impureté et l'hébétement de l'esprit. »

Saint Laurent Justinien décrit en peu de mots tous les effets de l'ivrognerie.
« Par elle, dit-il, la constitution est débilitée, les flammes de la débauche sont allumées, la raison est détruite et la porte est ouverte aux crimes et aux meurtres de toutes sortes. L'ivrognerie fait dire des paroles insensées, des médisances et des folies; l'intelligence est hébétée, la maturité de la pensée disparait, une joie folle la remplace, renverse toutes les barrières et mène à toutes les corruptions. »

« L'ivrognerie ruine tous les dons spirituels, elle donne la mort aux vertus et aux bonnes mœurs, et supprime tout ce que l'homme avait de bon. » (Bellovac.)

D'après saint Jean Chrysostome et saint Bernard, l'ivrognerie est une véritable possession diabolique. « L'ivrogne introduit volontairement un démon dans son âme, » et, nous l'avons vu, ce démon fait prendre aux hommes les mœurs et les habitudes de l'enfer.

Notre-Seigneur lui-même a mis les hommes en garde contre la terrible mort de l'ivrogne, la mort subite.

« Faites attention à vous, de peur que vos cœurs ne s'appesantissent par l'intempérance, par les excès de vin... et *que le jour de la mort ne vous surprenne tout à coup.* » (Luc, XXI, 34.)

Ce serait alors la damnation éternelle. Saint Paul le disait aux chrétiens : « Je vous déclare que ceux qui commettent ces crimes (l'ivrognerie et la débauche) ne seront point héritiers du royaume du ciel. » (Gal., V, 21.)

EXCUSES DES BUVEURS

Première excuse. — « Je prends de la boisson forte tous les jours, c'est vrai, mais avec modération.

Réponse : Qu'appelez-vous boire avec modération? Vous le savez, les mots n'ont pas toujours la même signification dans la bouche d'un homme sobre et dans celle d'un homme qui est en train de s'alcooliser...

... Un jour, j'étais aux prises avec un de ces prétendus buveurs modérés, qui se défendait avec acharnement d'être un ivrogne habituel. En fin de compte, je lui demandai de me dire franchement combien de verres de whisky il prenait dans la journée.

Un peu déconcerté d'abord, notre homme répondit avec quelque hésitation :

— De dix à douze verres par jour...

— De dix à douze verres par jour! Et vous appelez cela boire modérément! ... Tenez, mon ami, voici ce que vous allez faire. Prenez un verre de table et versez-y les douze rations de whisky que vous absorbez journellement (plus d'une demichopine d'alcool!) Étant connus les effets toxiques de ce poison, dites-moi si cette dose quotidienne ne sera pas capable de faire de vous, en peu d'années, un alcoolisé inguérissable.

— Je n'en suis pas là, direz-vous. C'est tout au plus si je prends de cinq à six verres d'alcool par jour.

Écoutez ce que le Dr Lefebvre, de la Faculté de Louvain, dit à ce sujet :

« ... L'alcool fait un assez long séjour dans notre organisme, c'est-à-dire de quelques heures à trente-deux heures, d'après la dose ingérée ; de sorte qu'il est permis de dire que l'individu qui prend des boissons alcooliques tous les jours en quantité assez notable, n'est jamais complètement désalcoolisé : il est condamné à l'empoisonnement perpétuel. » (*Rev. Quest. scientif.*)

D'après ce que nous avons dit de l'action de l'alcool sur le sang et les organes du corps humain, vous le voyez, vous préparez fatalement des troubles graves dans votre constitution, et de plus, vous prenez le chemin qui mène sûrement à l'alcoolisation complète, dans un temps plus ou moins rapproché.

Deuxième excuse

— Je suis un buveur... soit ! Mais un alcoolisé ? Oh non ! jamais.

Depuis longtemps déjà, je fais un usage quotidien de boisson forte, mais je ne vois en moi aucun des symptômes alarmants que vous avez décrits... Mon appétit est bon, ma santé générale satisfaisante ; ni l'intelligence, ni la mémoire n'ont baissé chez moi... Vos descriptions sont sans doute exagérées, ou tout au plus s'appliquent-elles aux hommes qui font un usage immodéré de l'alcool... Ce n'est pas du tout mon affaire.

Première réponse

Ces descriptions ne sont pas exagérées, mais, j'en conviens, elles s'appliquent plus spécialement à la dernière période, la période des ruines et de la décadence. Lorsque la phtisie commence son œuvre de mort, le malade croit-il aux étouffements, aux angoisses, à l'épuisement total, qui arriveront quand le poumon, dévoré par le mal, ne pourra plus fonctionner? S'aperçoit-il de la diminution journalière de sa vitalité? Il se fait illusion jusqu'à ce que la catastrophe soit imminente.

N'en serait-il pas ainsi de vous?

Vous n'êtes pas encore un alcoolisé... Je le veux bien. Vous ne le serez peut-être jamais... Je vous le souhaite...

N'empêche cependant que vous soumettez votre constitution à un régime qui, fatalement, lui causera des troubles sérieux; ce n'est qu'une question de temps... Rappelez-vous ce que nous avons dit plus haut.

L'alcoolisation d'un homme se fait lentement et par degrés. Ce n'est pas une maladie aiguë qui empoigne brutalement sa victime et la jette sur un lit de souffrance ; c'est un poison qui, se glissant subitement dans l'organisme, y fait en silence son œuvre de destruction dans le foie, les reins ou le cœur... Entre quarante ou cinquante ans, la maladie éclate, un organe vital est ruiné ; impossible de lui rendre sa force efficace : il faut mourir.

Demandez aux médecins combien d'hommes de cet âge sont tombés, victimes de leur intempérance... Et ces hommes n'appartenaient pas tous aux classes ouvrières... loin de là.

Seconde réponse

— Je suis un buveur... soit ! Mais un alcoolisé ? Oh non ! Je n'en suis pas là.

Soit, mais vous cultivez une habitude qui pourra, sous l'empire de certaines circonstances, prendre tout à coup un développement rapide et vous dominer complètement.

Souvenez-vous de ce que nous avons dit des étranges effets de l'alcool.

Ce n'est pas seulement un stimulant qui double l'énergie et augmente la gaîté du cœur; c'est encore un calmant qui endort la souffrance morale, un

6.

narcotique qui trompe, pour un temps, même la douleur physique.

Or, voici ce qui peut arriver.

Vous êtes un homme d'affaires, un marchand, un employé public; supposons que vous perdiez votre place, ou qu'à la suite de mauvaises spéculations, vous tombiez en banqueroute... Supposons enfin qu'une épreuve cruelle vous atteigne dans votre corps ou dans vos affections : une infirmité pénible, la mort de votre femme ou d'un enfant sur lequel vous fondiez de grandes espérances.

De pareilles calamités ébranlent l'homme dans tout son être. Il lui faut alors un courage viril pour faire face à la tempête qui l'assaille, une grande foi religieuse pour résister à l'épreuve...

Aurez-vous ce courage? Ne serez-vous pas tenté, au contraire, de demander à la boisson un secours qui vous sera fatal? Vous connaissez son efficacité mystérieuse pour noyer le chagrin et faire oublier les tristes réalités de la vie... Résisterez-vous à cet appel?

Que d'hommes ont fait naufrage dans ces épreuves décisives de la vie!... L'usage quotidien de l'alcool avait préparé le terrain depuis de longues années; quand l'épreuve est venue, ils ont demandé à des libations plus fréquentes l'énergie qui leur manquait, la consolation qui leur faisait défaut. Ils ont ensuite parcouru tous les degrés qui mènent à la dégradation morale et à l'alcoolisme complet.

Le docteur Bélouino avait raison de dire que « l'alcoolisme est surtout une passion de l'âge mûr et de la vieillesse ».

C'est, en effet, dans ce temps-là qu'arrivent d'ordinaire les grandes épreuves de la vie. Malheur à l'homme si l'alcool devient alors son consolateur et son ami !

Le plus sage ne serait-il pas de se prémunir d'avance contre les dangers de cette passion ou de se mettre résolument à l'œuvre pour secouer sa tyrannie, si déjà elle l'a imposée par des habitudes dangereuses.

C'est ce qui nous reste à examiner.

XII

PRÉCAUTIONS ET REMÈDES

Nous avons vu ce qu'était l'alcool, nous avons dit comment il prenait possession du corps et de l'âme, quelles ruines il causait, vers quelle fin déplorable il conduisait ses victimes. Mais il ne suffit pas d'avoir décrit la marche et les effets de cette passion, il importe surtout de savoir comment se préserver de ses dangers, ou quels moyens employer pour se guérir, si on a eu le malheur de tomber sous son influence.

C'est ce que nous allons examiner.

MOYENS PRÉVENTIFS

Quels moyens prendre pour éviter l'alcoolisme ?

Ici, nous sommes en présence de deux systèmes : l'un, absolu, radical, héroïque ; l'autre, moins énergique, faisant des concessions, tout en posant des barrières qu'on ne devrait pas franchir.

Le premier est *la tempérance totale*, l'abstention absolue de toute boisson alcoolisée.

Le second permet les vins et la bière, ou même un usage modéré des boissons fortes, à la maison. Il demande seulement de ne pas aller boire aux auberges. C'est le système de *l'abstention partielle*.

Tempérance totale

La tempérance totale enlève, il est vrai, tout danger d'alcoolisme, et l'on sait le bien considérable produit en Irlande, aux États-Unis, en Angleterre par les Ligues de tempérance du P. Matthews; mais d'ordinaire, pour réussir, ces sociétés demandent des conditions spéciales d'éducation et de coutumes sociales qui ne se trouvent pas dans tous les pays.

Dans les maisons où l'on ne boit que des boissons douces, il sera facile d'accoutumer les enfants à ce régime, et lorsqu'un jeune homme atteint ses vingt ans sans avoir goûté aux boissons alcooliques, aisément ensuite il résistera aux tentations et se soustraira à tout danger d'intoxication. Mais si le père fait usage de vin ou de bière, si les habitudes sociales en font le breuvage de table ordinaire, difficilement les jeunes gens se contenteront du thé ou de l'eau claire.

Voilà pourquoi la tempérance totale n'a jamais réussi à s'implanter comme moyen préventif de l'ivrognerie, dans les pays où le vin et la bière sont la boisson ordinaire de toutes les classes de la société. Français, Allemands, Espagnols se sont toujours montrés réfractaires à l'abstinence absolue ; pour eux, il faut trouver autre chose, c'est un fait d'expérience.

Autre fait d'expérience.

Dans les pays de vin et de bière, les victimes de l'ivrognerie sont beaucoup moins nombreuses que là où l'on boit de préférence des boissons fortes. Le Français qui s'en tient à ses vins de table, bordeaux ou bourgogne, peut parfois se sentir légèrement ému, à la suite de libations trop copieuses ; il en sera quitte pour un mal de tête le jour suivant, et tout sera dit. L'Allemand, avec sa grosse bière, se rendra épais et lourd, mais lui non plus ne deviendra pas un ivrogne. Seules, d'ordinaire, les boissons fortes, les eaux-de-vie, le whisky, le gin, mènent un homme à l'alcoolisme.

Le Dr Lefebvre explique scientifiquement la différence entre le vin et la bière et les boissons fortes.

« ... Le vin, dit-il, est beaucoup moins irritant pour nos tissus et spécialement pour le système nerveux que les eaux-de-vie et même les liqueurs spiritueuses les plus atténuées. Cela dépend de plusieurs circonstances.

« D'abord, l'alcool est beaucoup plus dilué dans le vin que dans l'eau-de-vie, puisque celle-ci en contient plus de cinquante pour cent, tandis que les vins que nous consommons habituellement n'en renferment que huit à douze pour cent. Il perd ainsi de son action irritante. En outre, l'eau active les fonctions des reins, organes chargés en grande partie de l'élimination du poison, et abrège son contact avec les tissus.

« Enfin, il faut noter que toutes les circonstances qui tendent à ralentir l'absorption de l'alcool, diminuent le danger de l'intoxication. Si l'alcool n'arrive dans le sang que peu à peu, et, pour ainsi dire, goutte par goutte, l'élimination restant la même, il est rejeté à mesure qu'il arrive.

« Sous ce rapport, il y a une grande différence entre l'action du vin (on peut en dire autant de la bière) et celle de l'eau-de-vie.

« Il entre dans les habitudes de la vie de prendre de préférence le vin au moment du repas, tandis que les vrais amateurs d'eau-de-vie la boivent à jeun. (C'est le fameux coup d'appétit si cher à nombre d'hommes.) Dans le premier cas, la présence des aliments et surtout des aliments gras, outre qu'elle mitige l'action de l'alcool sur les tuniques de l'estomac, retarde son absorption. Dans le second cas, la vacuité de l'estomac active énormément l'absorption de l'alcool, et le poison est versé tout entier et instantanément dans le sang. » (*Rev. Quest. scient.*, t. X, p. 589, 1re série.)

Tempérance partielle

Dès lors, ne serait-il pas sage, quand, par tempérament ou par habitude, la tempérance totale ne saurait être acceptée, de suivre un régime de vie qui, tout en laissant le vin et la bière comme boissons de table ordinaire, permettrait de prendre contre les dangers de l'alcool l'une ou l'autre des résolution suivantes :

1° Ou s'abstenir complètement des boissons fortes : eaux-de-vie, whisky ou gin ;

2° Ou ne les boire jamais pures, ni à jeun ;

3° Ou du moins, ne pas s'accoutumer à en faire un usage journalier, même en quantité modérée.

C'est l'usage quotidien des boissons fortes qui est vraiment dangereux, parce qu'il produit peu à peu l'habitude dont l'énergie s'accentue de plus en plus. On prend un coup d'appétit le matin, on le répète avant le dîner et le souper, puis il faut un punch avant d'aller se coucher; la constitution s'accoutume à cette excitation agréable, bientôt on augmente la dose, l'alcool pénètre lentement dans l'organisme, il s'y emmagasine à notre insu. Vienne ensuite une circonstance favorable, et la passion fera explosion avec une force irrésistible.

Pour tous, enfin, le moyen le plus efficace de se garantir de l'ivrognerie sera de ne faire usage de boissons : vins, bière ou alcool, qu'*à la maison*, là où la présence de la femme et des enfants protège l'homme contre les excès de l'intempérance.

Par conséquent, de s'interdire absolument d'aller boire aux auberges et de fréquenter les clubs.

Les auberges et les clubs sont, de fait, les deux grands pourvoyeurs de l'alcoolisme. C'est là que les trois quarts des buveurs font leur apprentissage d'intempérance ; là qu'ils s'accoutument aux boissons fortes. C'est là qu'ils trouvent les tentations les plus séduisantes et les plus irrésistibles pour les conduire graduellement aux hideuses misères de l'ivrognerie.

Dans nos grandes villes, pas de danger plus redoutable pour le bonheur des familles, pas de séduction plus fatale pour l'homme que l'auberge et le club.

Prendre dès les débuts du ménage la ferme résolution d'éviter l'un et l'autre, c'est faire acte de sagesse et poser une digue d'ordinaire infranchissable à la passion de la boisson.

XIII

AUBERGES ET AUBERGISTES

L'auberge, en effet, c'est la tentation en permanence, faisant appel à la passion de l'homme à toute heure du jour et de la nuit. C'est là que le buveur trouve ce qui amènera sa ruine définitive :

1° Des boissons frelatées et toxiques.

2° Des compagnies dangereuses.

3° Des amusements qui encourageront ses vices et les rendront enfin irrésistibles.

Boissons frelatées

Je ne parle pas, bien entendu, des restaurants, ni des débits de boissons bien tenus. Il en faut pour les étrangers et les hommes d'affaires qui ne rentrent à la maison que le soir. Mais je dénonce avec force les nombreuses buvettes, les *saloons*, qu'on rencontre à tous les coins de rue de nos grandes villes, et qui sont, pour les ouvriers surtout, l'occasion de tant d'excès. Quelles raisons plausibles peut-on mettre en avant pour justifier leur existence? Quelle surveillance exerce-t-on sur la marchandise qu'ils débitent? La loi punit sévèrement le boulanger qui fraude ses clients, le laitier qui additionne son lait avec de l'eau, le pharmacien qui, par négligence, fait erreur dans ses potions, mais elle laisse à l'aubergiste toute latitude pour falsifier ses boissons et empoisonner ses clients avec les drogues les plus funestes.

Sur les huit cents débits de la ville de Montréal, combien vendent des alcools purs et achetés à des maisons qui ont souci de leur réputation commerciale? Le profit lui semblerait trop mince, si l'aubergiste s'en tenait à la stricte honnêteté...

Aussi que fait-il? Il achète des alcools de qualité inférieure, des alcools d'industrie : eaux-de-vie de grain, whiskys fabriqués avec des betteraves, de la fécule de pomme de terre, qui, non rectifiés, contiennent les poisons chimiques les plus violents. Puis il pratique le mouillage, c'est-à-dire, qu'avec une bouteille de ces alcools, il en fabrique deux, trois ou même cinq. Si le mélange est trop faible, il le corse avec les substances les plus nuisibles. Chaque aubergiste a son secret et fait sa sauce : l'un d'eux additionnait son whisky avec de l'acide sulfurique (du vitriol) et le coloriait avec du jus de tabac.

Et voilà ce que l'on sert aux ouvriers, sur le zinc. Quelques verres de pareilles drogues, on le comprend, jetteront l'homme dans une ivresse abrutissante et le rendront malade pour plusieurs jours. La véritable eau-de-vie de vin, le vrai cognac, ne produisent pas ces effets, mais cherchez donc ces eaux-de- vie dans les buvettes à l'usage des travailleurs! L'homme qui absorbe chaque jour ces alcools de cabaret ne tardera guère à éprouver les troubles d'estomac et de foie dont nous avons parlé ailleurs.

Compagnies dangereuses

Rarement on entre seul à l'auberge, on a généralement avec soi un ou plusieurs compagnons. En tout cas, on en trouvera autour du comptoir; et les *tournées* commenceront. On voulait dépenser cinq cents et on laisse cinquante cents, une piastre, et davantage entre les mains de l'aubergiste. On voulait prendre un verres de bière; on en absorbe cinq ou six, coiffés d'une couple de verres de whisky, le plus horrible mélange pour frapper un homme à la tête et produire l'ivresse la plus abrutissante.

Amusements dangereux

Enfin, nombre de ces auberges ont une arrière-taverne, et là, tout en continuant les libations, on joue aux cartes, on tient des conversations bien loin d'être édifiantes. Là aussi, à ces hommes fort échauffés par la boisson, le démon ménage des tentations auxquelles il sera bien difficile de résister.

Donc, en refusant absolument d'aller boire aux auberges, vous coupez court à tous ces dangers. Chez vous, à la maison, la présence de la femme et des petits enfants vous maintiendra dans la modération. Si, par hasard, vous prenez un coup de trop, vous vous en souviendrez le lendemain matin et la femme, du reste, aura bien soin de vous en faire ressouvenir...

Aux États-Unis, à M...., une Canadienne avait pour mari un brave homme, mais d'un caractère faible et facile à entraîner. Trop souvent, il cédait aux invitations des amis, et trop souvent, après ses visites aux auberges, il rentrait au logis, bien échauffé par la boisson.

La femme voulut couper court à une habitude aussi dangereuse.

« Écoute, mon homme, lui dit-elle, tu commences à aimer trop l'auberge et le whisky. Je ne veux pourtant point te priver entièrement de boire, ce serait difficile, mais voici ce que je propose. Je vais acheter de la boisson et je te la vendrai à la maison... Tu en auras tant que tu voudras, seulement promets-moi de ne plus aller boire aux auberges. »

Le Canadien accepta et promit. Plusieurs fois par jour, il s'en allait prendre sa ration, en payant fidèlement ses dix cents...

Bientôt pourtant, honteux de tendre si souvent le verre à sa femme, il commença par se modérer ; c'était déjà un bon résultat d'obtenu. Au bout de quelques mois, la femme lui demanda ce qu'il pensait de son whisky. « Il est bon, répondit l'homme, je m'en trouve très bien. — Eh bien ! reprit la femme, sais-tu combien de profit j'ai fait sur toi depuis trois mois ?... Vingt piastres ! J'ai acheté chez le pharmacien de l'alcool de première qualité, puis je l'ai allongé avec de l'eau et du sucre, et avec les petits verres à dix cents, j'ai réalisé ces bénéfices. N'est-il pas mieux que cet argent reste à la maison plutôt que d'aller dans le comptoir de l'aubergiste ? Assez longtemps tu lui as payé ton impôt, c'est fini. »

L'IMPOT DE L'ALCOOL

Il est bien lourd, en effet, l'impôt que l'ouvrier paie à l'aubergiste, et trop souvent c'est la cause unique de la gêne qui règne à la maison.

Un habitué des auberges prendra ses cinq ou six boissons chaque jour, à cinq cents le verre. C'est une dépense quotidienne de vingt-cinq cents, ce qui donne une piastre et soixante-quinze cents par semaine et quelques quatre-vingt-onze piastres par année.

Avec cela, n'aurait-il pas de quoi acheter du charbon et donner des habits et du pain à la femme et aux enfants?

LES BÉNÉFICES DE L'AUBERGISTE

Cet impôt assure à l'aubergiste des bénéfices considérables; c'est ce qui explique comment dans une ville de 267.000 âmes, comme Montréal, plus de huit cents aubergistes vivent et font des profits. Ceux qui veulent être honnêtes quand même, ont seuls quelque chance de tomber en banqueroute; les autres, moins scrupuleux, s'enrichissent vite dans leur métier.

Une statistique que j'emprunte au *Correspondant* nous donnera le secret de cette prospérité.

« Le litre d'alcool pur (une pinte) coûte, tous droits perçus, 2 francs... Mais le débitant ne le vend pas à cent degrés. Avec un litre, il en fait deux ou même trois par addition d'eau, pour donner au liquide de quarante à cinquante degrés. Dans un litre, on peut trouver jusqu'à quarante petits verres, qui, au prix classique de dix centimes (2 sous), donnent une recette de 4 francs par litre ; soit un bénéfice de trois cent pour cent. » (*Corr.* 1886. L'Alcool et la Républ.)

Or ici, au Canada, l'alcool de grain ou de pomme de terre coûte encore moins cher, surtout les alcools de contrebande qui inondent le pays. Grâce au mouillage et à la cuisine de l'aubergiste dont nous avons parlé, une pinte en donne facilement deux ou trois, ce qui représente une centaine de petits verres à cinq cents.

Soit cinq piastres pour ce qui coûta à peine vingt cents ou trente cents au plus.

A ce compte, on peut devenir riche.

*
* *

A Manville, aux États-Unis, des Canadiens regardaient une belle maison à quatre étages, en voie de construction. C'était la propriété du principal

aubergiste de la localité. Et nos Canadiens philoso-
phaient entre eux.

— C'est pourtant vrai, commença l'un deux, ce
beau bloc se bâtit avec les petits verres et les fioles
de whisky que nous avons payés à M. X...

— Oui, reprit un autre, moi, pour ma part,
j'ai payé le premier étage avec les cent piastres qui
sont passées de ma poche dans la sienne.

— Et moi, j'ai fourni les portes et les fenêtres ; —
moi, les châssis ; — moi, les clous...

Bref, il se trouvait que tout le monde avait été
généreux pour l'aubergiste.

Un vieux Canadien les écoutait en fumant tranquillement sa pipe.

— Alerte ! les amis, courage ! Continuez à faire
votre confession publique. Voilà une belle maison,
n'est-ce pas ? vous l'avez payée, mais elle n'est pas
à vous. Quand vous voudrez vous loger là-dedans,
on vous demandera un fort loyer avec les taxes par-
dessus le marché. Si vous aviez gardé cet argent,
vous auriez de quoi vous bâtir une bonne maison et
bien loger la femme et les enfants.

Croyez-moi, et faites d'abord un bon *mea culpa* ;
puis désormais, au lieu de bâtir pour l'aubergiste,
songez à bâtir pour vous-mêmes, vous vous en trouverez mieux, votre famille aussi et votre conscience
aussi. C'est l'avis d'un vieux qui roule depuis
longtemps sa boule sur la terre. Maintenant, tour-
nons le dos à l'auberge et allons à l'église...

7.

XIV

CONFESSION DE L'AUBERGISTE

UN AUBERGISTE QUI A DES SCRUPULES

— Oui, j'ai des scrupules, ou plutôt des remords
de conscience. Je ne puis vivre tranquille.

Je me suis enrichi en tenant auberge. La maison
que j'occupe m'appartient, je donne à ma femme et
à mes filles de belles toilettes, des bagues et
des bijoux de prix... J'ai dix mille piastres en
banque.

Pourtant je ne suis pas heureux !

J'ai des jours sombres, des nuits sans sommeil.
Toutes sortes de visions me passent devant les
yeux... On dirait vraiment qu'un nuage de malédiction s'étend peu à peu sur moi et sur ma famille...
J'ai peur !

Le diable. — Ah ! tu as peur.

Veux-tu que je te dise pourquoi ?

Veux-tu que je t'aide à débrouiller ta conscience?
Je le ferai tout à l'heure...

Mais avant, j'ai besoin d'entendre ta confession.
Réponds-moi franchement.

Confession de l'aubergiste

— Tu changes toujours les marques de fabrique
de tes boissons, n'est-ce pas? Tu vends du whisky
de patate ou de betterave pour du vieux scotch ou
du whisky irlandais?

— Oui, toujours.

— Avec une bouteille d'eau-de-vie de Saint-Pierre
Miquelon, tu en fais toujours deux ou trois, addi-
tionnant le mélange avec de la cassonade et du
vitriol afin que cela gratte en passant?

— Oui, toujours.

— Et tu continues toujours aussi de vendre, le
dimanche, aux jeunes gens surtout?

— Oui, le dimanche est mon meilleur jour, celui
où je fais le plus d'argent...

— Soit ! Mais cet argent te semble-t-il bien net?
Ces fraudes te paraissent-elles bien justifiables?
N'y aurait-il pas là matière à restitution?... Qu'en
penses-tu?

Pourtant, si je lis bien dans ton âme, ce n'est
pas encore là le principal sujet de tes troubles.

Tu es un catholique ; par conséquent, tu crois à

Dieu, au jugement, à l'enfer... Or te voilà sur l'âge, il faudra partir bientôt, et quand tu songes à la mort, aux comptes à régler devant un juge qu'on ne trompe pas, un frisson d'épouvante te passe dans le corps...

Tu as peur, n'est-ce pas? Eh bien ! j'en conviens, tu as raison d'avoir peur.

Écoute, je vais te dire ce qui se passe au fond de ton âme et te rappellerai des choses que tu voudrais vainement oublier ou nier.

LE DOSSIER DE L'AUBERGISTE

Depuis que tu tiens auberge, je me suis fait ton pourvoyeur, et j'ai travaillé de toutes mes forces à t'envoyer des pratiques. J'ai fait bonne garde à la porte de ta maison et j'ai suivi de près les opérations qui t'ont enrichi:

Veux-tu savoir ce que j'ai vu?

J'ai vu entrer chez toi des hommes à peu près ivres.

Au lieu de leur refuser le verre de whisky qui allait les achever, tu le leur as servi en ricanant.

J'ai vu de malheureux ouvriers venir avec la paie de la semaine.

Leurs femmes et leurs petits enfants attendaient cet argent qui devait leur donner du pain pour manger, du bois pour se chauffer, des habits pour se vêtir.

Tu trouvais moyen de faire passer cet argent dans ton tiroir.

Je t'ai vu, le samedi soir, attendre sur le seuil de ton auberge les jeunes gens qui s'en retournaient avec leur paie de la semaine en poche.

Tu étais là comme le serpent qui s'apprête à fasciner sa proie. Sur ton invitation, ils entraient, ils acceptaient un verre de whisky, ils faisaient une partie de billard… Aussitôt le diable de la boisson et du jeu s'emparait d'eux et les retenait à boire et à jouer toute la nuit.

Tu les gardais dans ton auberge toute la journée du dimanche, les portes et les fenêtres bien closes.

Et l'on dansait, l'on buvait, l'on s'amusait de toutes manières, car ton habileté diabolique te faisait réunir chez toi toutes les tentations fatales aux jeunes gens.

Et l'argent pleuvait sur ton comptoir de zinc.

Quand ils avaient dépensé jusqu'à leur dernier

sou, je t'ai vu les prendre par les épaules et les pousser en ricanant dans la rue.

« Allons, les amis, on a eu bien du plaisir, n'est-ce pas ? Au travail maintenant... Mais à samedi prochain, je vous attendrai. »

Et je lisais dans ta pensée :

« Marche, esclave, va gagner de l'argent pour ton maître. Tu viendras samedi, et tu me laisseras encore ta paie ! »

Je t'ai vu, bien tard dans la nuit, une fois seul, ouvrir ta lourde caisse et y remuer des deux mains, avec délices, le tas d'argent qui s'y trouvait. Que de sueurs et de travaux représentaient ces dollars tombés dans ton coffre-fort !

Cet argent, c'était du pain pour la femme de l'ouvrier et pour ses petits enfants. Les malheureux ! ils pâtiront cette semaine, car il n'y a plus rien à la maison.

Cet argent du jeune ouvrier, ses vieux parents l'attendaient pour s'acheter des hardes et du charbon. Eux aussi, les vieux, vont pâtir ! Mais toi, tu pourras donner une nouvelle robe de soie à ta femme et des bijoux à tes filles.

Te voilà devenu vieux... La mort approche... et une vague inquiétude te serre le cœur...

Tu commences à le comprendre.

Cet argent te brûle les mains. C'est de l'argent

maudit. Il te sera bien difficile de justifier ces richesses mal acquises, quand tu seras devant ton juge.

Ton dossier est déjà bien chargé.

Pourtant, j'ai bien d'autres accusations contre toi. Je vais te présenter une vision bien plus effrayante encore.

Vision d'avenir

Un catholique, tu le sais, est responsable, non seulement de ses propres fautes, mais aussi de toutes celles qu'il a laissé commettre dans sa maison, quand il pouvait et devait les empêcher.

Certes ! en voilà une charge sur tes épaules !

Songe donc aux blasphèmes que les murailles de ton auberge ont entendus ! aux mauvaises actions dont elles furent les témoins ! aux crimes, aux projets abominables qui ont été décidés là par des hommes ivres de whisky ! Et cela pendant des années !

Songe donc aux ruines que tu as causées, aux larmes que tu as fait verser par tant de malheureux ! aux malédictions que des femmes affolées par la misère, des mères qui t'accusaient avec raison de damner leurs fils, ont lancées contre toi !

Tout cela retombera un jour sur ta tête et t'écrasera !

Si la malédiction d'un Dieu vengeur doit tomber justement sur la tête d'un homme, ce sera bien certainement sur la tienne !

Oui, tu as vaillamment fait la besogne du diable, pendant ta vie d'aubergiste. Si j'avais à choisir un métier sur la terre, je tiendrais une auberge mauvaise et corruptrice comme la tienne.

XV

L'ALCOOLISME EST-IL GUÉRISSABLE?

« Qui a bu, boira », voilà le verdict populaire contre l'homme qui eut le malheur de se laisser dominer par la passion de l'intempérance; et, *la plupart du temps, ce verdict est tristement vrai.*

Le buveur ne se convertit pas. De temps à autre, il fera bien des efforts sérieux pour briser la tyrannie de la passion... Il sera sobre pendant un temps plus ou moins long; puis, une tentation plus pressante se présentant, il retombera plus lourdement que jamais dans ses habitudes d'intempérance.

« Qui a bu, boira... » Cependant cette sentence, si absolue dans son énoncé, admet des exceptions... Oui, l'alcoolisme, même à un état avancé, est encore susceptible de guérison, mais il faut

pour cela un ensemble de secours que bien peu de
buveurs se décident à accepter.

L'alcoolisme est guérissable

Pour comprendre cette réponse, rappelons briè-
vement ce que nous avons dit des causes morales
de l'ivrognerie et de ses effets physiques.

L'homme boit pour augmenter sa joie... La
journée de travail a été rude ; tout est fatigué chez
lui : la tête, les muscles, les nerfs. Enfin l'heure du
repos est venue. A l'auberge, au club, il va retrouver
ses amis ; ensemble on prendra quelques verres de
boisson et, bientôt, une joie communicative circu-
lera dans l'assemblée. Les brouillards de la tête
se dissiperont, le visage s'épanouira, le cœur,
secouant sa torpeur, deviendra gai, expansif,
heureux.

Alors on se contera les nouvelles du jour,
on plaisantera les ministres, on attaquera le
Conseil municipal, on exposera avec entrain des
plans de réforme pour le pays et la ville.

Alors les plaisanteries, les bons mots, les his-
toires piquantes s'entrechoqueront, au cliquetis
des verres.

Alors de joyeuses parties de cartes, de brillants
coups de billard, un bien-être général, une intensité

de vie qui fait oublier les fatigues du jour... Et sur onze heures, minuit, d'un pas plus ou moins chancelant, on réintégrera le logis.

Or, pour arrêter les progrès de l'alcoolisme qui s'est déjà emparé de cet homme, il faudrait quitter cette pratique, se séparer de ces joyeux amis et se décider à passer tranquillement la soirée à la maison, en compagnie de sa femme et de ses petits enfants... Aura-t-il le courage d'une pareille résolution?

Un autre boit pour oublier les désagréments du présent. Il est malheureux. L'accord ne règne plus à la maison; des revers de fortune, des morts ont tout assombri autour de lui... Il boit pour échapper à la souffrance... peut-être au remords.

Il faudrait pouvoir soulager ce cœur pour le guérir. Il faudrait lui dire des paroles assez puissantes pour raffermir cette volonté sans énergie, assez consolantes pour lui donner des espérances qui remplaceraient celles qu'il a perdues. Enfin il faudrait lui assurer une force amie qui suppléerait à la débilité générale que la passion a produite en lui.

Qui opérera un changement si difficile et si merveilleux? Dieu, et Dieu seul en est capable. Dieu prié par l'homme, Dieu assistant l'homme par sa grâce et ses sacrements, relèvera cette ruine et en fera un homme nouveau.

Le Dr Bélouino avait grandement raison de le dire :

« L'homme du peuple est bien faible contre l'ivrognerie, et, l'on peut ajouter, bien impuissant à s'en corriger, quand il n'a pas pu l'éviter par des raisons de délicatesse et d'intérêt privé. » Il faut que la religion s'en mêle et que Dieu lui-même vienne au secours de l'homme.

PRÊTRE ET DOCTEUR

Dans ma carrière de prêtre, j'ai été bien des fois en relation avec des buveurs qui voulaient se corriger. Ils avaient eu un bon moment au milieu de leurs excès, ils voyaient l'abîme où ils allaient tomber, entraînant dans la ruine leur femme et leurs enfants ; ils voulaient à tout prix abandonner la boisson. Parmi ces hommes, ceux-là seulement ont réussi, qui, bien convaincus de leur faiblesse et de leur impuissance à se tirer eux-mêmes d'affaire, ont prié Dieu, fui les occasions et sont venus souvent se confesser et communier.

J'en ai connu qui, pour maintenir leur résolution, ont eu la générosité d'entrer dans les congrégations de la sainte Vierge et de se présenter au prêtre tous les huit jours... De temps à autre, il y avait des rechutes, car cette terrible passion meurt rarement d'un seul coup, mais ils se relevaient aussitôt, et, en définitive, ils ont persévéré et remporté la victoire finale.

Voilà, à mon avis, le seul moyen efficace de convertir un buveur. Tant qu'il ne l'emploie pas, l'homme ressemble à un enfant qui essaie de terrasser un géant.

Mais il est des cas où, avant de se mettre sous la direction paternelle du prêtre, l'homme doit d'abord appeler un docteur à son secours.

L'alcoolisme, nous l'avons vu, est un état morbide, continu, douloureux. L'estomac irrité et ulcéré devient impropre à la digestion et cause de vives douleurs au buveur. Le foie fonctionne mal, les poumons sont engorgés et congestionnés, le cœur hypertrophié se surcharge de graisse, le système nerveux profondément atteint par l'alcool est devenu irritable, tremblant, et cause un malaise général qui empêche de se livrer au travail. Le buveur ne retrouve la stabilité de ses nerfs, le matin, qu'en absorbant un verre d'alcool, et en entretenant ainsi la cause du mal. Le docteur devra donc prescrire des remèdes propres à rétablir l'ordre dans le fonctionnement des organes.

Le traitement médical devra même précéder le traitement moral du prêtre et préparer son efficacité. Il serait, en effet, inutile de vouloir faire appel aux raisons de foi et de sentiment, tant que l'homme reste sous l'influence de l'alcool. Il ne pourrait les comprendre. Avant tout, de cet être stupéfié par la boisson, il faut refaire un homme ; alors il sera capable d'apprécier les motifs de religion que le prêtre lui présentera, et l'on pourra espérer une conversion durable.

C'est le service que rendent aux buveurs les *Instituts scientifiques de tempérance*. Ils traitent l'alcoolisme comme une maladie organique dont il faut d'abord guérir le corps, pour arriver ensuite à la guérison de l'âme.

J'ai connu un prêtre placé à la tête de l'un de ces instituts. Nous avons souvent causé ensemble de la manière dont il traitait ses patients et je vais reproduire ici le résumé de ces conversations.

XVI

INSTITUTS DE TEMPÉRANCE

GUÉRISON DES VICTIMES DE L'ACOOL

Voici, me dit-il, comment nous procédons. Le médecin de l'établissement commence par débarrasser l'organisme du buveur de tout l'alcool qui s'y était emmagasiné, puis en prescrivant un régime spécial, il guérit peu à peu l'inflammation de l'estomac et des intestins, dégage le foie, dégorge les poumons de l'afflux du sang qui les congestionnait, soulage le cœur en lui laissant un repos réparateur; enfin il donne au système nerveux ébranlé le temps de perdre la surexcitation fébrile qui le fatiguait et paralysait les fonctions intellectuelles du cerveau.

L'effet de ce traitement est étonnant. La terrible appétence des boissons fortes qui le tourmentait et qui, chaque matin, lui faisait demander à l'alcool de raffermir son système ébranlé, cesse tout

à coup comme par enchantement. Le vague sentiment de dégradation et d'impuissance que le buveur
ressentait a disparu. Il entrevoit maintenant la
possibilité de se réhabiliter, de reprendre sa place
parmi ses concitoyens, de retrouver l'affection de
sa femme et de ses enfants. Des horizons nouveaux
s'ouvrent devant lui.

C'est le temps où le prêtre pourra, à son tour,
faire entendre la voix de la raison et de la foi. Pé-
nétrant dans l'intime de l'âme, il y découvrira la
cause secrète qui poussait l'homme aux excès et
s'efforcera ou de la supprimer, ou, du moins, d'en
arrêter les effets, par des considérations d'un ordre supérieur.

— Combien de temps durera ce dégoût des boissons fortes?

— Au moins six mois, me répondit-il...

Six mois de trêve de la part d'un pareil ennemi,
mais c'est plus qu'il n'en faut à un homme de bonne
volonté pour se débarrasser d'habitudes mauvaises
et les remplacer par des habitudes d'ordre et de
sobriété ! S'il veut être prudent et employer les
moyens que la raison et la foi lui suggèrent, il
pourra ensuite facilement éviter les rechutes.

— Nous sommes certains de la guérison complète et persévérante d'un buveur, ajoutait le

même directeur, lorsque nous trouvons en lui les dispositions suivantes :

1° Quand ce buveur est un homme qui voudrait sérieusement se guérir de sa passion, mais qui en est empêché par la force de l'habitude.

2° Quand, après le traitement physique, il est décidé d'employer les moyens qui l'éloigneront des tentations dangereuses : l'auberge, le club, la compagnie d'amis qui le solliciteraient de nouveau à boire, et que lui-même s'abstienne rigoureusement de toute boisson alcoolisée à la maison.

3° Enfin, quand cet homme veut employer les moyens surnaturels que Dieu nous donne pour fortifier notre volonté : la prière et les sacrements. De fait, nous comptons beaucoup moins de rechutes parmi les catholiques qui ont les sacrements que parmi les protestants privés de secours.

Nous garantissons six mois d'immunité complète au buveur qui sort de notre institut. Après cela, il est vrai, il peut se remettre à boire, mais il sera obligé alors de faire un apprentissage nouveau. Or les hommes sérieux qui se souviennent des misères du passé, ne sont pas prêts, une fois guéris, à se rejeter de gaîté de cœur dans cet abîme.

Je puis personnellement rendre témoignage aux bons résultats de ce traitement à la fois scientifique et religieux, car j'ai connu une demi-douzaine de buveurs qu'il a complètement guéris...

D'autres, il est vrai, après être restés sobres pendant quelque temps, n'ont pas persévéré, mais je connais les causes de leur rechute. Ils n'ont pas voulu prier ni communier, ils sont retournés à leurs anciens amis, ils ont accepté quelques verres de bière ou de vin, et la terrible passion les a ressaisis.

Encore une fois, le buveur converti ne pourra persévérer qu'à la condition 1° de s'abstenir de toute boisson enivrante; 2° de chercher dans la prière et les sacrements la grâce d'éviter les occasions et de garder ses résolutions.

La passion de la boisson ne meurt jamais dans celui qui en fut une fois la victime. Il faut la surveiller sans relâche et jamais ne lui faire la plus petite concession, autrement elle ressaisira immédiatement son empire d'autrefois.

*\
* *

Un homme qui fut un buveur, pendant de longues années était sobre. Il tomba malade et le médecin eut l'imprudence de lui prescrire un peu d'eau-de-vie comme tonique. Le malade, effrayé, lui confia ses craintes et le supplia de lui donner un autre remède. Le médecin insista en le plaisantant sur ces frayeurs chimériques. « C'était seulement pour le temps de la maladie. Il reprendrait ensuite sa résolution de tempérance, etc. » L'homme guérit, mais il était redevenu ivrogne et mourut de la mort d'ivrogne.

***

Un autre buveur m'a conté cette expérience personnelle.

« Mon Père, me dit-il, j'avais cessé de boire depuis quatre ans. Or, un après-midi du mois de janvier, je fus tout à coup empoigné par une vraie fureur de boire... Vous savez, une de ces rages soudaines, une sorte de possession diabolique qui saisit les anciens buveurs et leur enlève, pour ainsi dire, tout pouvoir de résistance. J'étais chez un de mes beaux-frères. — Fais-moi chauffer du vin, lui dis-je, il faut que je boive ; dépêche-toi, je t'en prie... Vite !

« J'avais le verre de vin entre les mains, j'allais l'avaler... quand Dieu eut pitié de moi. Dans un moment, passent devant mes yeux toutes les luttes, toutes les tortures que j'avais endurées pour dompter ma passion ; un frisson d'horreur me passe dans le corps et lançant avec force au plafond le verre et son contenu : — Dussé-je en mourir, non, jamais je ne boirai plus de vin de ma vie !...

« J'étais sauvé. Je n'ai plus eu depuis lors aucune tentation de boire : si j'eusse avalé ce verre de vin, je serais redevenu un ivrogne pour la vie. »

Une dernière histoire avant de finir

Un homme allait chaque matin entendre la messe à l'église Saint-Patrice de Montréal. Un jour de forte tempête d'hiver, l'un de ses amis le rencontre sur le chemin.

« Comment ! Monsieur un tel, à votre âge, sortir de si grand matin et par un temps pareil.

« — Eh ! oui, mon ami, reprend celui-ci, et je vais vous en dire la raison.

« Je fus autrefois un grand buveur. Après m'être corrigé, je promis à Dieu d'entendre la messe chaque jour pour persévérer. Or voilà vingt-cinq ans que je tiens ma promesse, mais si je manquais la messe un seul jour, je craindrais que la vieille passion ne reprît le dessus. Je le sens, elle n'est pas morte en moi, je la refoule seulement par la prière et par le secours des sacrements.

« Je vais à la messe tous les jours et je communie tous les mois. »

TABLE DES MATIÈRES

Paris. — Imp. Téqui, 92, rue de Vaugirard.

OUVRAGES DU DOCTEUR BOISSARIE

Les grandes Guérisons de Lourdes. In-8° illustré de
140 similigravures et 24 gravures hors texte.   10 »

Apparitions et Guérisons de Lourdes. Lectures
pour le mois de mai. In-12.   2 »

Lourdes depuis 1858 jusqu'à nos jours. In-12.   3 50

Lourdes. Le miracle devant la science. In-12.   3 50

OUVRAGES DU P. BOUSSAC

Les Vertus du Cœur de Jésus. 7 vol. In-18.   7 »
Chaque volume se vend séparément. Prix : 1 fr. ; *franco :* 1 20

   1re série. — Retraites mensuelles des premiers vendredis.
   2e série. — Neuvaine préparatoire à la fête du Sacré-
      Cœur.
   3e série. — Neuvaine des premiers vendredis du mois.
   4e série. — Neuvaine du Cœur agonisant de Jésus.
   5e série. — Retraites mensuelles des premiers vendredis.
   6e série. — Retraites mensuelles des premiers vendredis.
   7e série. — Quatrième neuvaine au Sacré-Cœur.
Les trois séries des retraites reliées ensemble.   3 70
Les trois séries des neuvaines reliés ensemble.   3 70

Les Souffrances du Cœur de Jésus. Méditations du
P. Claude de la Colombière. In-18. Prix *franco :*   0 75

OUVRAGES DU P. CHARRUAU

Mes Parents. In-12, 3e édition.   3 »

Frère et Sœur. In-12, 2e édition.   3 50

Vie du P. Chambellan. In-12. (*Épuisé.*)

Histoire d'une famille de Brigands en 1793.
In-12.   3 50

Aux Mères! Causeries sur l'Éducation. In-12.   3 »

Aux armes! De l'Utilité des Tentations ; manière de les
combattre. In-18.   1 25

**Un Apôtre des enfants et des ouvriers : Le Père
Labonde.**   2 »

Emilienne. Lettres d'une mère. 1 vol. in-12.   3 50

PARIS. — IMP. TÉQUI, 92, RUE DE VAUGIRARD.

www.ingramcontent.com/pod-product-compliance
Ingram Content Group UK Ltd.
Pitfield, Milton Keynes, MK11 3LW, UK
UKHW021727090726
13657UKWH00002B/557